1日10分、初めての日本語

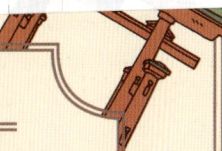

일본어 **찐 왕초보**를 위한 **100일 완성** 프로젝트

하루 10분
처음 일본어
Japanese

박다겸 · 시원스쿨어학연구소 지음

S 시원스쿨닷컴

하루 10분 처음 일본어

초판 1쇄 발행 2025년 4월 21일
초판 2쇄 발행 2025년 9월 15일

지은이 박다겸·시원스쿨어학연구소
펴낸곳 (주)에스제이더블유인터내셔널
펴낸이 양홍걸 이시원

홈페이지 japan.siwonschool.com
주소 서울시 영등포구 영신로 166 시원스쿨
교재 구입 문의 02)2014-8151
고객센터 02)6409-0878

ISBN 979-11-6150-969-3 13730
Number 1-311301-30991829-09

이 책은 저작권법에 따라 보호받는 저작물이므로 무단복제와 무단전재를 금합니다. 이 책 내용의 전부 또는 일부를 이용하려면 반드시 저작권자와 ㈜에스제이더블유인터내셔널의 서면 동의를 받아야 합니다.

일본어 **찐 왕초보**를 위한 **100일 완성** 프로젝트

하루 10분
처음 일본어
Japanese

머리말

*일본어의 첫걸음부터
다정다겸하게!*

안녕하세요! 『하루 10분 처음 일본어』의 저자 박다겸입니다.

일본어를 공부하기 시작한 초등학생 때부터 일본어 선생님이라는 꿈을 향해 달려오며 내가 일본어를 가르치게 된다면 '이 문법을, 이 어휘를 더 쉽게 이렇게 가르쳐야지!'라는 생각으로 저만의 티칭 노트를 만들며 공부해왔습니다.

그렇게 탄생한 저만의 비밀 티칭 방법을, 일본어를 난생 처음 접하는 왕왕초보분들을 위해 『하루 10분 처음 일본어』라는 교재로 출간하게 되었습니다.

다른 기초 교재도 많은데 왜 이 책으로 공부해야 할까요?

제가 10여 년간 일본어를 가르치다보니, 너무 기초적이라 어디 물어보기 힘든 부분들을 혼자 고민하는 학생분들이 꽤 계시더라고요! 예를 들면, '일본어에 문자가 왜 3개나 있는지 궁금하고, 형용사는 2개가 있다는데 왜 2개인지도 모르겠고, 형용사가 뭔지도 헷갈린다.'하는 분들이 많았습니다.

이런 식으로 으레 알 거라는 가정하에 학원이나, 기존의 교재들에서 다루지 않았던 일본어 각 품사의 어원과 성격을 상세히 설명하는 것은 물론, 수십, 수백 번은 써야만 외워지는 히라가나와 가타카나를 글자의 모양과 비슷한 그림으로 외우는 연상법으로 학습해 단번에 외울 수 있게 준비하였습니다. 또한, 다른 교재들처럼 한 과에 여러 문법이 나와 외우기 급급한 것이 아니라, 한 과에 하나의 문법만을 담아 내가 소화할 수 있는 만큼만 공부할 수 있게 정리하였습니다.

개념 학습을 시작으로 그에 해당되는 문법, 그 문법과 자주 쓰이는 어휘로 문장 만들기, 나아가서 실전 회화까지 체계적인 4단계 학습법으로 개념부터 말하기까지 학습할 수 있습니다. 마지막으로, 학습한 내용을 완벽히 숙지했는지 확인할 수 있게끔 각 품사별 전체 총 정리 복습 문제도 준비되어 있습니다.

이 교재로 학습하고 나면 일본어의 명사, 형용사, 조수사, 동사의 기본기부터 활용까지 마스터할 수 있어 바로 일본인과 대화를 하고 있는 여러분들을 머지않아 만나게 되실 거예요. 그 감격스러운 순간의 시작을 『하루 10분 처음 일본어』가 같이 준비해드리겠습니다.

한 나라의 언어를 배운다는 것은 응당 많은 시간이 필요하고, 어려움이 있겠지만, 그 과정에서 얻을 수 있는 즐거움을 이 책을 통해 여러분과 공유하고 싶습니다. 이 책이 여러분의 일본어 학습 여정에 작은 도움이 되길 바라며, 더 나은 내일을 여는 첫걸음이 되기를 진심으로 기원합니다.

끝으로 이 책을 집필할 수 있게 많은 도움을 주신 시원스쿨 관계자 분들께 깊은 감사를 드리며, 큰 은인이신 최한수 님, 마지막으로 이 세상에 존재할 수 있게 해주신 부모님 감사하고 사랑합니다.

저를 알고 계시는, 제가 알고 있는 모든 분들이 늘 평안하고 행복하시길 바랍니다.

박다졈

이 책의 구성과 특징

개념체크

본격적으로 학습을 시작하기 전, 간단하게 개념을 체크해 봐요. 정답을 모르더라도 걱정하지 말고, '앞으로 이런 걸 배우는구나~'하고 감을 잡으면 돼요.

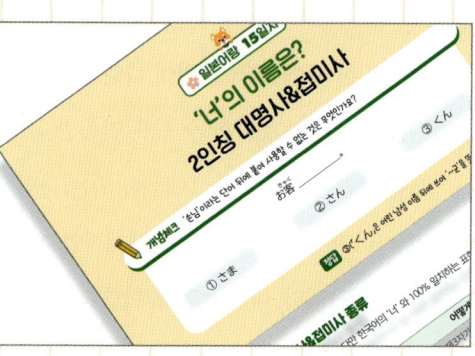

오늘의 학습 내용

일본어의 기본 개념을 하나하나 세밀하게 나누어 쉽게 설명했어요. 친절하고 명쾌한 설명은 물론, 활용도 높은 예문으로 재미있게 일본어와 친해질 수 있어요.

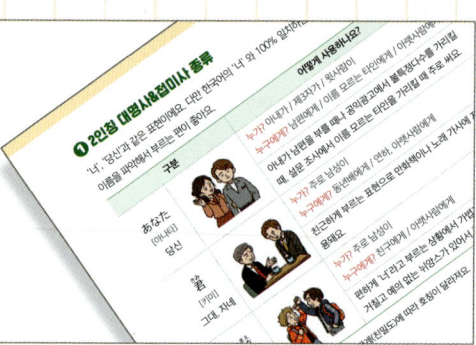

처음 회화

매일 배운 내용을 바탕으로 짧지만 실전에서 자주 쓰이는 대화문을 담았어요. 어떤 상황에서 표현을 활용할 수 있을지 생각해 보며 말해 봐요.

QUIZ

매 과마다 배운 내용을 얼마나 잘 이해했는지 간단한 퀴즈를 통해 확인해 봐요. 잘 모르겠다면 학습한 내용을 다시 한번 체크하고 넘어가요.

종합 연습문제

각 에피소드마다 학습한 내용을 한눈에 점검할 수 있는 종합 연습 문제예요. 문제를 풀며 스스로 얼마나 잘 이해했는지 확인하고 복습해 봐요.

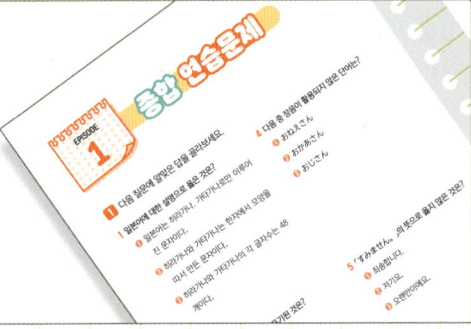

처음 Talk talk!

이 표현만 알면 일본어 말하기 마스터! 일본인이 평소에 가장 많이 쓰는 기초 회화 표현을 알려드려요. 한 에피소드를 마무리하며 재미있게 대화하듯 읽어 봐요.

① MP3 음원
일반 버전 음원과 따라 읽기 버전 음원을 통해 듣고 따라 말해요!
* 따라 읽기 버전은 하단의 루트를 통해 확인 가능합니다.

② 워크북 PDF
일 ➡ 한, 한 ➡ 일로 바꿔 말해 보고, 쓰기 연습까지 한 번에 마스터해요!

③ 문법표&품사활용표 PDF
수시로 보고 익숙해질 수 있도록 문법표와 품사 활용표를 제공해요!

④ 문장 암기 영상
실생활 필수 표현을 일본어로 말해 보는 암기 영상을 통해 언제든지 복습해요!

모든 자료는 QR 코드를 통해 바로 확인 가능하며, 음원 및 PDF 파일은 시원스쿨 일본어 홈페이지(japan.siwonschool.com) 로그인 후 학습지원센터▶공부자료실에서 무료 다운로드 가능합니다.

목차

- 머리말 004
- 이 책의 구성과 특징 006

EPISODE 1. 일본어와의 첫만남 '발음과 문자'

일본어랑 1일차 [일본어 문자와 어순 알기!] 히라가나? 가타카나? 016

일본어랑 2일차 [あ행~な행] 히라가나와 친해지기 프로젝트(1) 018

일본어랑 3일차 [は행~わ행] 히라가나와 친해지기 프로젝트(2) 020

일본어랑 4일차 [ア행~ナ행] 가타카나와 친해지기 프로젝트(1) 022

일본어랑 5일차 [ハ행~ワ행] 가타카나와 친해지기 프로젝트(2) 024

일본어랑 6일차 [탁음·반탁음·요음] 다양한 일본어 발음의 세계(1) 026

일본어랑 7일차 [촉음·장음·발음] 다양한 일본어 발음의 세계(2) 028

일본어랑 8일차 [일본어로 다양한 인사하기] 오하요-고자이마스! 030

종합 연습문제 032

처음 Talk talk! 034

EPISODE 2. 일본어 명사와 친해지기① '명사 기본 개념'

일본어랑 9일차 [명사와 보통명사] 명사와 친해지기 프로젝트(1) 036

일본어랑 10일차 [보통명사 활용] "우와! 바다다!" 038

일본어랑 11일차 [고유명사] 명사와 친해지기 프로젝트(2) 040

일본어랑 12일차	[고유명사 활용] "한국인이에요."	042
일본어랑 13일차	[1인칭 대명사] 잘못 쓰면 일본 여고생 말투?!	044
일본어랑 14일차	[1인칭 대명사 활용] "저는 회사원이에요."	046
일본어랑 15일차	[2인칭 대명사&접미사] '너'의 이름은?	048
일본어랑 16일차	[2인칭 대명사&접미사 활용] "요시다 씨는 대학생이에요?"	050
일본어랑 17일차	[3인칭 대명사] 설마 '그 사람'이!?	052
일본어랑 18일차	[3인칭 대명사 활용] "그녀도 일본인이에요?"	054
일본어랑 19일차	[조사 の] 명사와 명사의 연결 고리!	056
일본어랑 20일차	[조사 の 활용] "내 책이 아니야."	058
일본어랑 21일차	[지시대명사] 이것, 그것, 저것!	060
일본어랑 22일차	[지시대명사 활용] "이것은 내 모자가 아니에요."	062
일본어랑 23일차	[장소 지시대명사] 여기, 거기, 저기!	064
일본어랑 24일차	[장소 지시대명사 활용] "거기는 우리 학교였어."	066
일본어랑 25일차	[명사 수식 지시대명사] 이 사람, 그 사람, 저 사람!	068
일본어랑 26일차	[명사 수식 지시대명사 활용] "이 시계는 모리 씨의 시계였어요."	070

종합 연습문제 072

처음 Talk talk! 074

EPISODE 3. 일본어 명사와 친해지기② '날짜, 숫자, 수 개념'

| 일본어랑 27일차 | [요일 표현] 월화수목금토일! | 076 |
| 일본어랑 28일차 | [요일 표현 활용] "생일은 토요일이었어?" | 078 |

일본어랑 29일차	[숫자와 월(月) 표현] 1월, 2월, 3월…	080
일본어랑 30일차	[숫자와 월(月) 표현 활용] "6월부터 여름방학이었어요?"	082
일본어랑 31일차	[일(日) 표현] 1일, 2일, 3일…	084
일본어랑 32일차	[일(日) 표현 활용] "결혼 기념일은 10일이 아니었어."	086
일본어랑 33일차	[사물의 개수 표현] 1개, 2개, 3개…	088
일본어랑 34일차	[사물의 개수 표현 활용] "4개가 아니었어요."	090
일본어랑 35일차	[인원수와 나이 표현] 1명, 2명, 3명…	092
일본어랑 36일차	[인원수와 나이 표현 활용] "그 그룹 멤버 4명 아니었어?"	094
일본어랑 37일차	[숫자(십~만 단위) 표현] 백 엔, 천 엔, 만 엔!?	096
일본어랑 38일차	[숫자(십~만 단위) 표현 활용] "티켓 천 엔 아니었어요?"	098
종합 연습문제		100
처음 Talk talk!		102

EPISODE 4. 일본어 형용사와 친해지기① 'な형용사'

일본어랑 39일차	[형용사 개념] 일본어는 형용사가 두 개?	104
일본어랑 40일차	[な형용사 개념] な형용사와 친해지기 프로젝트!	106
일본어랑 41일차	[な형용사 명사 수식형] "여기 유명한 가게예요."	108
일본어랑 42일차	[な형용사 현재 긍정형(정중)] "키무라 씨는 매우 성실해요."	110
일본어랑 43일차	[な형용사 현재 부정형(반말)] "이 컴퓨터 편리하지 않아."	112
일본어랑 44일차	[な형용사 현재 부정형(정중)] "점원이 별로 친절하지 않네요."	114
일본어랑 45일차	[な형용사 현재 의문형(반말)] "내일 한가해?"	116

일본어랑 46일차	[な형용사 현재 의문형(정중)] "골프를 좋아하세요?"	118
일본어랑 47일차	[な형용사 현재 부정 의문형(반말)] "이 정장 불편하지 않아?"	120
일본어랑 48일차	[な형용사 현재 부정 의문형(정중)] "저 료칸 깨끗하지 않아요?"	122
일본어랑 49일차	[な형용사 연결형] "저 레스토랑은 예쁘고 근사해요."	124
일본어랑 50일차	[な형용사 과거 긍정형(반말)] "신칸센은 깨끗하고 편리했어."	126
일본어랑 51일차	[な형용사 과거 긍정형(정중)] "어제는 한가했어요."	128
일본어랑 52일차	[な형용사 과거 의문형(반말)] "오늘 일 힘들었어?"	130
일본어랑 53일차	[な형용사 과거 의문형(정중)] "점원은 친절했어요?"	132
일본어랑 54일차	[な형용사 과거 부정형(반말)] "회가 별로 신선하지 않았어."	134
일본어랑 55일차	[な형용사 과거 부정형(정중)] "그다지 튼튼하지 않았어요."	136
일본어랑 56일차	[な형용사 과거 부정 의문형(반말)] "그 신발 불편하지 않았어?"	138
일본어랑 57일차	[な형용사 과거 부정 의문형(정중)] "여권은 필요하지 않았어요?"	140

종합 연습문제 142

처음 Talk talk! 144

EPISODE 5. 일본어 형용사와 친해지기② 'い형용사'

일본어랑 58일차	[い형용사 개념] い형용사와 친해지기 프로젝트!	146
일본어랑 59일차	[い형용사 명사 수식형] "귀여운 고양이에요."	148
일본어랑 60일차	[い형용사 현재 긍정형(정중)] "이 과자 정말 맛있어요."	150
일본어랑 61일차	[い형용사 현재 부정형(반말)] "저 영화는 재미없어."	152
일본어랑 62일차	[い형용사 현재 부정형(정중)] "형은 키가 크지 않아요."	154

일본어랑 63일차	[い형용사 현재 의문형(반말)] "지금 바빠?"	156
일본어랑 64일차	[い형용사 현재 의문형(정중)] "고속 버스보다 전철이 빨라요?"	158
일본어랑 65일차	[い형용사 현재 부정 의문형(반말)] "쟤 귀엽지 않아?"	160
일본어랑 66일차	[い형용사 현재 부정 의문형(정중)] "일본어 어렵지 않아요?"	162
일본어랑 67일차	[い형용사 연결형] "매일 즐겁고 행복해요."	164
일본어랑 68일차	[い형용사 과거 긍정형(반말)] "튀김이 크고 맛있었어."	166
일본어랑 69일차	[い형용사 과거 긍정형(정중)] "오늘은 하루 종일 졸렸어요."	168
일본어랑 70일차	[い형용사 과거 의문형(반말)] "호텔까지 가까웠어?"	170
일본어랑 71일차	[い형용사 과거 의문형(정중)] "회식은 즐거웠어요?"	172
일본어랑 72일차	[い형용사 과거 부정형(반말)] "그다지 무섭지 않았어."	174
일본어랑 73일차	[い형용사 과거 부정형(정중)] "분위기가 좋지 않았어요."	176
일본어랑 74일차	[い형용사 과거 부정 의문형(반말)] "설명 어렵지 않았어?"	178
일본어랑 75일차	[い형용사 과거 부정 의문형(정중)] "짐 무겁지 않았어요?"	180

종합 연습문제 ··· 182

처음 Talk talk! ··· 184

EPISODE 6. 일본어 동사와 친해지기① '존재동사'

일본어랑 76일차	[존재동사 개념] 일본어에 '있다'라는 말은 두 개?	186
일본어랑 77일차	[존재동사 ある] "냉장고 안에 달걀이 있어."	188
일본어랑 78일차	[존재동사 いる] "차 아래에 귀여운 고양이가 있어."	190
일본어랑 79일차	[존재동사 ある 기본형(정중)] "예쁜 꽃이 많이 있어요."	192
일본어랑 80일차	[가족 호칭 개념] 내 가족과 타인의 가족은 다르게!	194

일본어랑 81일차	[존재동사 いる 기본형(정중)] "누나가 두 명 있어요."	196
일본어랑 82일차	[존재동사 ある 부정형(정중)] "아무데도 없어요."	198
일본어랑 83일차	[존재동사 いる 부정형(정중)] "아무도 없어요."	200
일본어랑 84일차	[존재동사 ある 과거형(정중)] "은행과 병원이 있었어요."	202
일본어랑 85일차	[존재동사 いる 과거형(정중)] "동물원에 기린이 있었어요."	204
일본어랑 86일차	[존재동사 ある 과거 부정형(정중)] "연락이 없었어요."	206
일본어랑 87일차	[존재동사 いる 과거 부정형(정중)] "가게에 점원이 없었어요."	208

종합 연습문제 210

처음 Talk talk! 212

EPISODE 7. 일본어 동사와 친해지기② '1,2,3그룹' 동사 활용'

일본어랑 88일차	[동사 개념] 일본어는 동사가 세 종류?	214
일본어랑 89일차	[3그룹 동사 활용] "매일 일본어 공부해."	216
일본어랑 90일차	[2그룹 동사 활용] "한가할 때는 영화관에서 영화 봐."	218
일본어랑 91일차	[1그룹 동사 활용] "토모나랑은 일본어로 얘기해."	220
일본어랑 92일차	[시간과 때 표현] 언제! 몇 시! 몇 분!	222
일본어랑 93일차	[시간 표현 및 동사 활용] "비행기는 4시에 탈 거야."	224

종합 연습문제 226

처음 Talk talk! 228

EPISODE 8. 일본어 동사와 친해지기③ '동사의 정중형'

일본어랑 94일차	[동사 정중형(2, 3그룹) 개념] 정중하게 동사 말하기(1)!	230
일본어랑 95일차	[동사 정중형(1그룹) 개념] 정중하게 동사 말하기(2)!	232
일본어랑 96일차	[동사 현재 긍정형(정중)] "가족과 함께 후지산에 가요."	234
일본어랑 97일차	[동사 현재 부정형(정중)] "술은 거의 안 마셔요."	236
일본어랑 98일차	[동사 과거 긍정형(정중)] "예약을 까먹었어요."	238
일본어랑 99일차	[동사 과거 부정형(정중)] "저는 회식에 안 갔어요."	240
일본어랑 100일차	[조사 총정리 및 동사 활용] "9시부터 4시까지 공부했어요."	242

종합 연습문제 ··· 244

처음 Talk talk! ··· 246

히라가나&가타카나 따라 쓰기 노트 ··· 248

종합 연습문제 정답 ··· 270

EPISODE

일본어와의 첫만남
'발음과 문자'

히라가나? 가타카나?
일본어 문자와 어순 알기!

개념체크 정답에 동그라미 표시를 해 보세요.

일본어는 한 가지 문자로 이루어져 있다? ○ ✕

정답 ✕ (일본어는 히라가나, 가타카나, 한자, 세 가지 문자로 이루어져 있어요.)

❶ 일본어의 문자 구성

일본어 문자는 우선 크게 '가나'와 '한자'로 구성돼요. 그리고 가나는 또 '히라가나'와 '가타카나'로 나뉘어서 총 세 개의 문자로 구성되어 있어요.

❷ 세 가지 문자를 사용하는 이유?

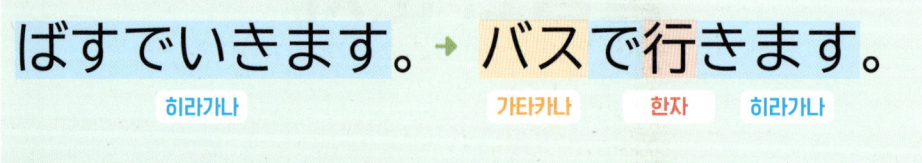

띄어쓰기가 없는 일본어를 읽을 때 위와 같이 하나의 문자로만 쓰는 것보다 세 가지 문자를 상황에 맞게 사용하는 것이 한 눈에 의미 전달이 잘 돼요.

1) 히라가나 ひらがな
① 한자의 초서체(흘려 쓰는 글씨체)에서 유래한 히라가나는 동글동글한 곡선 모양이 특징이에요.
② 일본어 표기에서 일반적으로 가장 많이 쓰이는 기본 문자예요.
③ 주로 동사나 형용사의 활용하는 부분이나, 조사, 한자의 발음을 표기하는 경우에 사용해요.

2) 가타카나 カタカナ
① 각진 글자인 가타카나는 반듯반듯한 모양이 특징이에요.
② 한자의 일부분을 떼어 단순화하여 만든 문자예요.
③ 주로 외래어, 외국의 지명・인명, 의성어・의태어, 고유명사에 쓰이며 단어를 강조하거나 한자가 어려운 명사를 표기할 때에도 사용해요.

3) 한자 漢字
① 한자는 본래 중국에서 온 문자로, 문자 하나하나에 의미가 있어요.
② 히라가나와 가타카나 글자는 각각 46개로, 이 글자로 발음할 수 있는 개수는 약 300여 개 뿐이에요. 따라서 가나만으로 나타내기에는 동음이의어가 매우 많기 때문에 한자를 활용해서 명확히 뜻을 구분할 수 있어요.

❸ 일본어의 어순

일본어 문장의 어순은 '주어+목적어+동사' 형태로 한국어 어순과 동일해요. 따라서 한국어가 모국어인 학습자들은 처음 일본어를 접할 때 더 쉽고 빠르게 친해질 수 있어요.

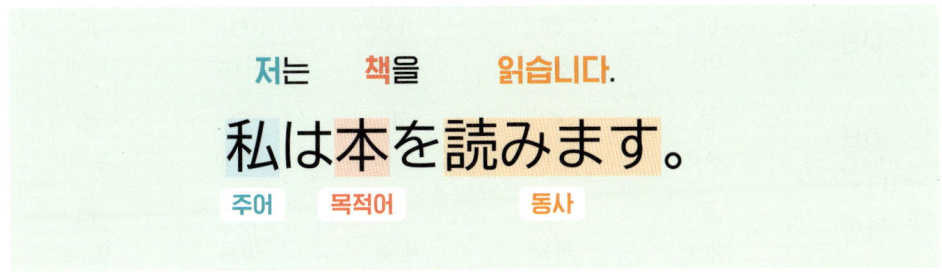

히라가나와 친해지기 프로젝트(1)
あ행~な행

 개념체크 정답에 동그라미 표시를 해 보세요.

히라가나는 일본어의 세 가지 문자 중 가장 기본 문자이다? O X

정답 O (히라가나는 외래어를 제외한 모든 일본어 표기가 가능한 일본어의 기본 문자예요.)

❶ 히라가나 あ행~な행

오늘은 일본어 기본 문자인 히라가나 중 あ행부터 な행까지 배워봐요. 총 46개의 히라가나 중에서 절반인 25개에 해당되는 내용이에요. 오른쪽 그림을 보며 하나하나 잘 기억해 두세요.

	あ행	か행	さ행	た행	な행
あ단	あ 아 a	か 카 ka	さ 사 sa	た 타 ta	な 나 na
い단	い 이 i	き 키 ki	し 시 shi	ち 치 chi	に 니 ni
う단	う 우 u	く 쿠 ku	す 스 su	つ 츠 tsu	ぬ 누 nu
え단	え 에 e	け 케 ke	せ 세 se	て 테 te	ね 네 ne
お단	お 오 o	こ 코 ko	そ 소 so	と 토 to	の 노 no

① '행'은 'ㅇ, ㅋ, ㅅ, ㅌ(ㅊ), ㄴ'에 해당하는 자음 부분을 나타내요.
② '단'은 'ㅏ, ㅣ, ㅜ, ㅔ, ㅗ'에 해당하는 모음 부분을 나타내요.
③ 가나에서 탁점이라고 하는 「 ゛」이 안 쓰인 글자를 '청음'이라고 해요. 청음은 맑은 소리를 내요.

❷ 그림으로 만나는 히라가나

1) あ행: '아, 이, 우, 에, 오' 발음, 「う」는 '우'와 '으'의 중간 발음이에요.

2) か행: 단어 첫글자에서는 '카(키), 키(기), 쿠(구), 케(게), 코(고)'처럼 'ㄱ'에 가깝게 발음하고, 중간이나 끝에서는 '카(까), 키(끼), 쿠(꾸), 케(께), 코(꼬)'처럼 된소리 'ㄲ'에 가깝게 발음해요.

3) さ행: '사, 시, 스, 세, 소' 발음, 「す」는 '수(스)'의 중간 발음이고 단어 끝에서는 '스'에 가까워요.

4) た행: '타, 치, 츠, 테, 토' 발음, 단어 중간이나 끝에서는 '따, 찌, 쯔, 떼, 또'에 가까워요. 「つ」는 '추'와 '츠'의 중간 발음으로 혀를 앞니 뒤쪽에 붙였다 바람과 함께 내뱉는 소리예요.

5) な행: '나, 니, 누, 네, 노' 발음이에요.

 일본어랑 3일차

히라가나와 친해지기 프로젝트(2)
は행~わ행

 음원 듣기

 개념체크 정답에 동그라미 표시를 해 보세요.

히라가나의 모든 행은 글자가 5개이다? ○ ✕

정답 ✕ (や행과 わ행, 이 두 개의 행은 해당되지 않아요.)

❶ 히라가나 は행~わ행

오늘은 일본어 기본 문자인 히라가나 중 は행부터 わ행까지 배워봐요. 총 46개의 히라가나 중에서 절반인 21개에 해당되는 내용이에요. 오른쪽 그림을 보며 하나하나 잘 기억해 두세요.

	は행	ま행	や행	ら행	わ행
あ단	は 하 ha	ま 마 ma	や 야 ya	ら 라 ra	わ 와 wa
い단	ひ 히 hi	み 미 mi	-	り 리 ri	-
う단	ふ 후 hu	む 무 mu	ゆ 유 yu	る 루 ru	-
え단	へ 헤 he	め 메 me	-	れ 레 re	-
お단	ほ 호 ho	も 모 mo	よ 요 yo	ろ 로 ro	を 오 wo
					예외 ん 응 n

① '행'은 'ㅎ, ㅁ, ㅇ, ㄹ, ㅇ'에 해당하는 자음 부분을 나타내요.

② '단'은 'ㅏ, ㅣ, ㅜ, ㅔ, ㅗ'에 해당하는 모음 부분을 나타내요.

❷ 그림으로 만나는 히라가나

1) は행: '하, 히, 후, 헤, 호' 발음이에요.

| 하르방 얼굴 | 히히 웃는 입 | 후지산의 전경 | 헤엄치는 팔 | 호랑이 인상 팍! |

2) ま행: '마, 미, 무, 메, 모' 발음, 「む」는 '무(므)'의 중간 발음이에요.

Plus 앞서 배운 「ぬ[누]」와 「め[메]」는 비슷하게 생겼으니 잘 구분해서 써야 해요!

| 마라토너 쌩~ | 미로가 꾸불 | 무당벌레 무늬 | 메기의 수염 | 모자의 털 |

3) や행: '야, 유, 요' 발음이에요. '야'는 '아'단, '유'는 '우'단, '요'는 '오'단에 속해요.

| 야구 배트 탕! | 유자 열매 | 요트 타는 인생 |

4) ら행: '라, 리, 루, 레, 로' 발음이에요.

Plus 「る[루]」와 「ろ[로]」는 비슷하게 생겼으니 잘 구분해서 써야 해요!

| 라면 꼬불꼬불면 | 리본 끈 차란~ | 캥거루 주머니 | 꼬불꼬불 벌레 | 로켓 발사! |

5) わ행: '와, 오, 응' 발음이에요. 「ん」은 우리말에서 받침과 비슷한 역할을 하는 예외 문자예요.

Plus 「を[오]」는 앞서 배운 「お[오]」와 발음은 같지만 조사 '~을/를'을 나타낼 때만 사용해요.

| 와~놀라워! | 오징어 머리와 몸! | 응가 응차! |

가타카나와 친해지기 프로젝트(1)
ア행~ナ행

개념체크 정답에 동그라미 표시를 해 보세요.

가타가나는 히라가나보다 개수가 많다? ○ ✕

정답 ✕ (가타가나는 히라가나와 마찬가지로 46개로 구성되어 있어요.)

❶ 가타카나 ア행~ナ행

오늘은 '아이스크림', '엘리베이터'와 같이 주로 외래어에 쓰이고 의성어나 의태어에도 쓰이는 가타카나에 대해 알아봐요. 총 46개의 가타카나 중에서 절반인 ア행부터 ナ행 해당되는 내용이에요. 오른쪽 그림을 보며 하나하나 잘 기억해 두세요.

	ア행	カ행	サ행	タ행	ナ행
ア단	ア 아 a	カ 카 ka	サ 사 sa	タ 타 ta	ナ 나 na
イ단	イ 이 i	キ 키 ki	シ 시 shi	チ 치 chi	ニ 니 ni
ウ단	ウ 우 u	ク 쿠 ku	ス 스 su	ツ 츠 tsu	ヌ 누 nu
エ단	エ 에 e	ケ 케 ke	セ 세 se	テ 테 te	ネ 네 ne
オ단	オ 오 o	コ 코 ko	ソ 소 so	ト 토 to	ノ 노 no

① '행'은 'ㅇ, ㅋ, ㅅ, ㅌ(ㅊ), ㄴ'에 해당하는 자음 부분을 나타내요.
② '단'은 'ㅏ, ㅣ, ㅜ, ㅔ, ㅗ'에 해당하는 모음 부분을 나타내요.

❷ 그림으로 만나는 가타카나

1) ア행: '아, 이, 우, 에, 오' 발음, 「ウ」는 '우'와 '으'의 중간 발음이에요.
　　　　Plus ▶ 「オ[오]」모양은 열 십(十)자를 반을 나눈 듯하여 '오(5)'라고 외울 수도 있어요!

2) カ행: '카, 키, 쿠, 케, 코' 발음, 「ク」는 '쿠'와 '크'의 중간 발음이에요.

3) サ행: '사, 시, 스, 세, 소' 발음, 「ス」는 '수'보다는 '스'에 더 가까운 발음이에요.

4) タ행: '타, 치, 츠, 테, 토' 발음이에요. 「ツ」는 '추'와 '츠'의 중간 발음으로 혀를 앞니 뒤쪽에 붙였다 바람과 함께 내뱉는 소리예요.

5) ナ행: '나, 니, 누, 네, 노' 발음이에요.

가타카나와 친해지기 프로젝트(2)
ハ행~ワ행

개념체크 정답에 동그라미 표시를 해 보세요.

가타카나의 ヲ('와'행의 '오')도 히라가나의 を처럼 조사 '~을/를'의 역할을 한다? ○ ✗

정답 ✗ (조사 '~을/를'의 의미로 사용하는 건 히라가나의 を뿐이에요.)

❶ 가타카나 ハ행~ワ행

오늘은 이어서 가타카나의 ハ행부터 ワ행까지 배워봐요. 총 46개의 가타카나 중에서 절반인 21개에 해당되는 내용이에요. 오른쪽 그림을 보며 하나하나 잘 기억해 두세요.

	ハ행	マ행	ヤ행	ラ행	ワ행
ア단	ハ 하 ha	マ 마 ma	ヤ 야 ya	ラ 라 ra	ワ 와 wa
イ단	ヒ 히 hi	ミ 미 mi	-	リ 리 ri	-
ウ단	フ 후 hu	ム 무 mu	ユ 유 yu	ル 루 ru	-
エ단	ヘ 헤 he	メ 메 me	-	レ 레 re	-
オ단	ホ 호 ho	モ 모 mo	ヨ 요 yo	ロ 로 ro	ヲ 오 wo
					예외 ン 응 n

① '행'은 'ㅎ, ㅁ, ㅇ, ㄹ, ㅇ'에 해당하는 자음 부분을 나타내요.
② '단'은 'ㅏ, ㅣ, ㅜ, ㅔ, ㅗ'에 해당하는 모음 부분을 나타내요.

❷ 그림으로 만나는 가타카나

1) **ハ행:** '하, 히, 후, 헤, 호' 발음이에요. 약하게 발음하면 자칫 ア행의 발음으로 들릴 수 있으니 다른 행보다 더 세게 발음해 주세요.

2) **マ행:** '마, 미, 무, 메, 모' 발음, 「ム」는 '무(므)'의 중간 발음이에요.

3) **ヤ행:** '야, 유, 요' 발음이에요.

> **Plus** 「ユ[유]」는 カ행의 「コ[코]」와 비슷하게 생겼으니 잘 구분해서 써야 해요!

4) **ラ행:** '라, 리, 루, 레, 로' 발음이에요.

5) **ワ행:** '와, 오, 응' 발음이에요. 「ン」은 우리말에서 받침과 비슷한 역할을 하는 예외 문자예요.

> **Plus** 「ワ[와]」는 ア행의 「ウ[우]」와 비슷하게 생겼으니 잘 구분해서 써야 해요!

다양한 일본어 발음의 세계(1)
탁음·반탁음·요음

개념체크 정답에 동그라미 표시를 해 보세요.

히라가나는 청음 46개의 글자로만 발음한다? ○ ✕

정답 ✕ (히라가나의 청음 글자 오른쪽 위에 점이나 동그라미를 추가해서 다른 발음을 낼 수 있어요.)

❶ 탁음 ゛

가나 か、さ、た、は행 글자에 오른쪽 위에 점 두 개인 탁점 「゛」이 붙은 글자를 '탁음'이라고 불러요. 청음에 비해 탁한 소리가 추가되어 더 다양한 발음과 의미를 나타낼 수 있어요.

히라가나	が행	が 가	ぎ 기	ぐ 구	げ 게	ご 고	Ka ⇨ Ga
	ざ행	ざ 자	じ 지	ず 즈	ぜ 제	ぞ 조	Sa ⇨ Za
	だ행	だ 다	ぢ 지	づ 즈	で 데	ど 도	Ta ⇨ Da
	ば행	ば 바	び 비	ぶ 부	べ 베	ぼ 보	Ha ⇨ Ba

Plus 각 행별로 발음 앞에 작고 짧게 '응+が행', '은+ざ행/だ행', '음+ば행'을 붙여 살짝 끌면서 연결하여 발음해 보세요! 원어민 발음처럼 더욱 자연스러워요.

Plus じ와 ぢ는 '지', ず와 づ는 '즈'로 두 글자들의 발음은 같아요. 다만, 단어에서 쓰이는 글자의 빈도수는 ざ행 글자가 훨씬 많아요.

가타카나	ガ행	ガ	ギ	グ	ゲ	ゴ	Ka ⇨ Ga
		가	기	구	게	고	
	ザ행	ザ	ジ	ズ	ゼ	ゾ	Sa ⇨ Za
		자	지	즈	제	조	
	ダ행	ダ	ヂ	ヅ	デ	ド	Ta ⇨ Da
		다	지	즈	데	도	
	バ행	バ	ビ	ブ	ベ	ボ	Ha ⇨ Ba
		바	비	부	베	보	

Plus 가타카나 탁음도 히라가나 탁음과 동일하게 발음해요.

❷ 반탁음˚

가나에 반만 탁한 소리인 반탁점 「˚」이 붙은 글자를 '반탁음'이라고 불러요. 탁음과 달리 は행과 ハ행 글자에만 반탁점 「˚」을 붙여 활용할 수 있어요.

히라가나	ぱ행	ぱ	ぴ	ぷ	ぺ	ぽ	Ha ⇨ Pa
		파	피	푸	페	포	

가타카나	パ행	パ	ピ	プ	ペ	ポ	Ha ⇨ Pa
		파	피	푸	페	포	

Plus 단어에서 두 번째 이후의 자리에 오는 반탁음은 'ㅍ' 발음보다 'ㅃ' 발음에 가까운 된소리로 발음해요.
예) ぴかぴか [피카(까)피카(까)] 반짝반짝, 번쩍번쩍

❸ 요음

'낄 요(拗)'자로 글자와 글자 사이에 끼어 있는 음을 말해요. 'ㅣ' 모음인 い단(き、し、ち、に、ひ、み、り) 뒤에 や、ゆ、よ를 ½크기로 작게 표기하여 나타내요. 이 요음을 발음할 때는 아래 표와 같이 'ㅣ' 모음은 탈락시키고 'ㅑ, ㅠ, ㅛ'를 붙여 한 글자로 발음해요.

きゃ	しゃ	ちゃ	にゃ	ひゃ	みゃ	りゃ	ぎゃ	じゃ	びゃ	ぴゃ
캬	샤	챠	냐	햐	먀	랴	갸	쟈	뱌	퍄
きゅ	しゅ	ちゅ	にゅ	ひゅ	みゅ	りゅ	ぎゅ	じゅ	びゅ	ぴゅ
큐	슈	츄	뉴	휴	뮤	류	규	쥬	뷰	퓨
きょ	しょ	ちょ	にょ	ひょ	みょ	りょ	ぎょ	じょ	びょ	ぴょ
쿄	쇼	쵸	뇨	효	묘	료	교	죠	뵤	표

다양한 일본어 발음의 세계(2)
촉음·장음·발음

개념체크 정답에 동그라미 표시를 해 보세요.

일본어도 한국어처럼 받침 역할을 하는 글자가 있다? ○ ✕

정답 ○ (つ글자를 작게 쓰면 'ㄱ, ㅅ, ㄷ, ㅂ'처럼 받침소리를 내요.)

❶ 촉음

앞서 배운 요음처럼 つ를 ½크기로 작게 표기하는 '촉음'은 우리말 받침 [ㄱ], [ㅅ], [ㄷ], [ㅂ]과 같은 역할을 하며, 바로 뒤에 오는 글자의 영향을 받아 촉음 っ의 발음이 바뀌어요.

촉음 결합	발음	예시 단어	
っ + か행	[ㅋ, ㄱ] 발음	にっき [닉키] 일기	いっかい [익카이] 1층
っ + さ행	[ㅅ] 발음	いっさい [잇사이] 한 살	けっせき [켓세키] 결석
っ + た행	[ㅌ, ㄷ] 발음	きって [킽테] 우표	おっと [옽도] 남편
っ + ぱ행	[ㅍ] 발음	いっぱい [잎파이] 가득	きっぷ [킾푸] 표

❷ 장음

'ㅏ+ㅏ', 'ㅣ+ㅣ'처럼 같은 모음이 중복될 때 앞 글자의 모음을 길게 발음하는 것을 '장음'이라고 해요. 예를 들어 「おかあさん[오카아상]」은 [오카-상]으로 길게 발음하는 경우를 말하고, 외래어 가타카나의 경우에는 「コーヒー[코-히-]」와 같이 ㅡ로 장음을 표기해요.

장음 결합	예시 단어	
あ단 + あ	おばあさん [오바-상] 할머니	おかあさん [오카-상] 어머니
い단 + い	おじいさん [오지-상] 할아버지	いいえ [이-에] 아니요
う단 + う	くうき [쿠-키] 공기	ゆうき [유-키] 용기
え단 + え、い	おねえさん [오네-상] 누나, 언니	★ せんせい [센세-] 선생님
お단 + お、う	おおい [오-이] 많다	★ おとうさん [오토-상] 아버지

Plus 예외적으로 'え단+い'와 'お단+う'도 장음으로 발음해야 하므로 잘 기억해 두세요.

❸ 발음

「ん」를 붙여 표기하는 '발음'은 우리말의 받침과 같은 역할을 해요. 뒤에 오는 자음에 따라 [ㅇ], [ㄴ], [ㅁ], [ㄴ+ㅇ]으로 발음이 바뀌어요. 아래 표를 통해 자세히 확인해 봐요.

발음 결합	발음	예시 단어	
ん + か・が행	[ㅇ] 발음	かんこく [캉코쿠] 한국	りんご [링고] 사과
ん + さ・ざ・た・だ・な・ら행	[ㄴ] 발음	せんせい [센세-] 선생님	かんじ [칸지] 한자
		あんない [안나이] 안내	べんり [벤리] 편리
ん + ま・ば・ぱ행	[ㅁ] 발음	さんぽ [삼뽀] 산책	えんぴつ [엠피츠] 연필
ん + あ・わ・や・は행	[ㄴ+ㅇ] 발음	でんわ [뎅와] 전화	れんあい [렝아이] 연애

Plus [ㄴ+ㅇ] 발음은 ん를 '응'으로 발음하며, 주변 글자를 발음할 때보다 소리를 작게 내는 느낌으로 발음해요. 따라서 위의 예시 단어로 보면 전화는 '데응와', 연애는 '레응아이'와 비슷하게 발음해요.

 일본어랑 8일차

오하요-고자이마스!
일본어로 다양한 인사하기

 음원 듣기

개념체크 정답에 동그라미 표시를 해 보세요.

「すみません」은 사과할 때만 쓰는 표현이다? ○ ✗

정답 ✗ ('죄송합니다'라는 뜻 외에 다른 의미도 있어요.)

❶ 만날 때

[아침] 안녕하세요.
오하요-고자이마스
おはようございます。

[점심] 안녕하세요.
콘니치와
こんにちは。

[저녁] 안녕하세요.
콤방와
こんばんは。

처음 뵙겠습니다.
하지메마시테
はじめまして。

(부디) 잘 부탁드립니다.
도-조 요로시쿠 오네가이시마스
どうぞよろしく
おねがいします。

오랜만이에요.
오히사시부리데스
おひさしぶりです。

Plus 회의나 세미나 등에서 하루 중 처음 만났을 때는 점심, 저녁이어도 「おはようございます[오하요-고자이마스]」를 쓰기도 해요!

❷ 헤어질 때

안녕히 가(계)세요.

사요-나라
さようなら。

그럼 안녕. (그럼 또 봐.)

쟈 마타
じゃ、また。

Plus 한동안 보지 못하는 사람이나 웃어른에게는 「さようなら[사요-나라]」를 써요. 반대로 곧 볼 예정인 사람에게는 편하게 「じゃ、また[쟈 마타]」를 쓰고, 시간 관련 어휘(내일, 다음 주 등)와 자주 함께 쓰여요.

❸ 사과할 때 & 감사할 때

죄송합니다.

스미마셍
すみません。

미안해요.

고멘나사이
ごめんなさい。

감사합니다.

아리가토-고자이마스
ありがとうございます。

Plus 「すみません[스미마셍]」은 사과의 뜻 외에 '실례합니다', '저기요'라는 뜻도 가지고 있어 다양하게 쓰여요.

❹ 식사할 때

[식사 전] 잘 먹겠습니다.

이타다키마스
いただきます。

[식사 후] 잘 먹었습니다.

고치소-사마 데시타
ごちそうさまでした。

종합 연습문제

1 다음 질문에 알맞은 답을 골라보세요.

1 일본어에 대한 설명으로 옳은 것은?
  ① 일본어는 히라가나, 가타카나로만 이루어진 문자이다.
  ② 히라가나와 가타카나는 한자에서 모양을 따서 만든 문자이다.
  ③ 히라가나와 가타카나의 각 글자수는 48개이다.

4 다음 중 장음이 활용되지 않은 단어는?
  ① おねえさん
  ② おかあさん
  ③ おじさん

2 다음 중 발음이 옳게 표기된 것은?
  ① コーコ
  ② おーあ
  ③ さーキ

5 「すみません。」의 뜻으로 옳지 않은 것은?
  ① 죄송합니다.
  ② 저기요.
  ③ 오랜만이에요.

3 다음 중 발음을 잘못 표기한 것은?
  ① 오니기리 - おにぎり
  ② 규동 - ぐゆうどん
  ③ 텐푸라 - てんぷら

6 다음 인사말과 뜻이 잘못 연결된 것은?
  ① いただきます。 - 잘 먹었습니다.
  ② ごめんなさい。 - 미안해요.
  ③ じゃ、また。 - 그럼, 안녕.

2 제시된 문장에 맞게 빈칸을 채워 보세요.

1 히라가나로 Ha행을 써 보세요. (하히후헤호)

→ _____

2 가타가나로 Sa행을 써 보세요. (사시스세소)

→ _____

3 (점심 인사) 안녕하세요.

→ _____ 。

4 처음 뵙겠습니다.

→ _____ 。

5 (부디) 잘 부탁드립니다.

→ どうぞ _____ 。

6 잘 먹겠습니다. - 잘 먹었습니다.

→ _____ 。 - _____ 。

처음 Talk talk!

MP3를 들으며 일본어 기초 회화 표현을 말해 보세요.

콘니치와

こんにちは。

[점심] 안녕하세요.

하지메마시테

はじめまして。

처음 뵙겠습니다.

오히사시부리데스

おひさしぶりです。

오랜만이에요.

고멘나사이

ごめんなさい。

미안해요.

고치소-사마 데시타

ごちそうさまでした。

잘 먹었습니다.

사요-나라

さようなら。

안녕히 가(계)세요.

EPISODE

일본어 명사와 친해지기①
'명사 기본 개념'

명사와 친해지기 프로젝트(1)
명사와 보통명사

개념체크 다음 중 명사는 몇 개일까요?

| くも 구름 | する 하다 | あい 사랑 | おいしい 맛있다 |

정답 2개 (雲 구름, 愛 사랑)

❶ 명사 개념 잡기

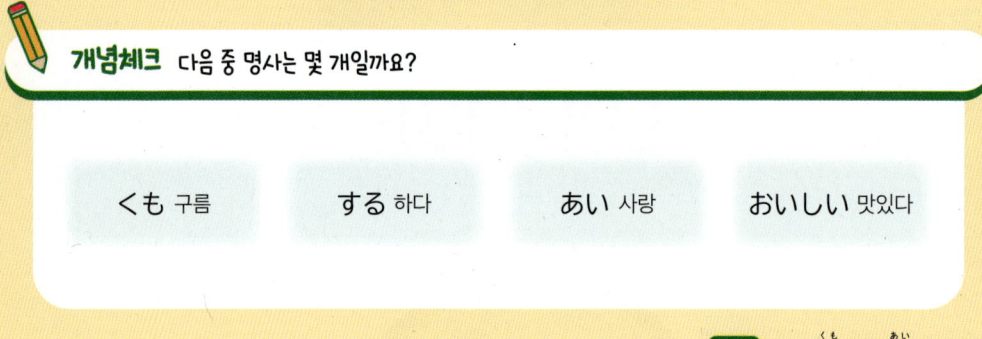

명사 — 名 이름 명 詞 말씀 사
→ 구체적, 추상적인 대상이나 사물의 이름
├ 보통명사 — 일반적인 사물을 나타내는 명사
└ 고유명사 — 사람의 이름이나 지명 등 이름을 나타내는 명사

'명사'는 사람, 사물, 장소처럼 눈에 보이거나 눈에 보이지 않는 것 등의 대상을 나타내는 품사로, 크게 보통명사와 고유명사로 구분해요. 오늘은 그중 보통명사에 대해 학습해 봅시다.

❷ 보통명사, 넌 누구니?

보통명사는 일반적인 사물을 나타내는 명사를 말해요. '장미', '무궁화', '개나리' 등을 '꽃'이라고 하듯 공통된 특성을 지닌 대상들을 아울러 대표하는 이름이에요. 이중에서 '산', '바다'와 같이 구체적인 내용을 표현하는 명사는 **구체명사**, '시간', '평화'와 같이 추상적인 내용을 표현하는 명사는 **추상명사**로 나뉘어요.

❸ 그림으로 만나는 보통명사

Plus 'く+さ행'인 경우에는 'ku' 발음에서 'u'를 약하게 발음해요. 예를 들어「がくせい(학생)」는 [가쿠세-]가 아니라 [각세-]에 가깝게 발음해요.

처음 회화 !

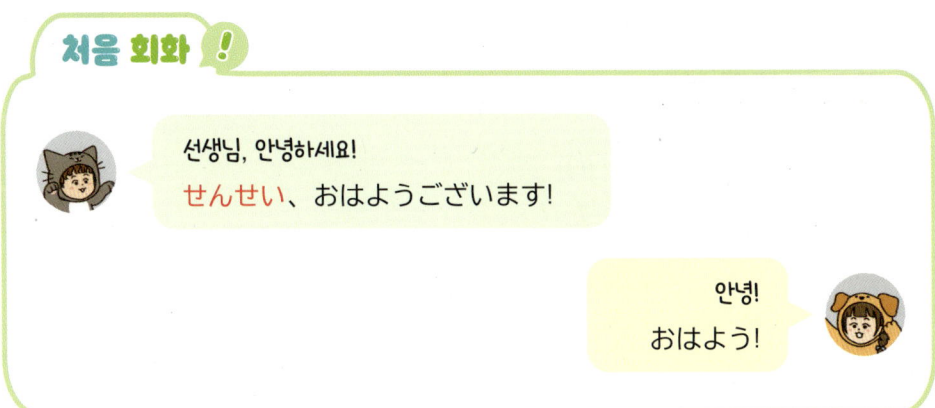

Quiz 다음 중 '추상명사'에 해당하는 것을 골라 보세요.

| うみ [우미] | やま [야마] | へいわ [헤-와] |

정답 へいわ 평화

9 명사와 보통명사 37

"우와! 바다다!"
보통명사 활용

개념체크 빈칸에 들어갈 말로 가장 자연스러운 것은 무엇인가요?

ホテル_____。
호텔이야.

① よ　　　② で　　　③ だ

정답 ③ (명사 현재 긍정 반말체 표현은 명사 뒤에 「だ」를 붙여 나타내요.)

❶ 오늘의 표현! "~이다"

명사 뒤에 「だ」를 붙여 '~이야', '~이다'라는 뜻을 나타내요. 명사의 현재 긍정을 나타내는 반말체 표현이에요. '음식이다', '의자다'와 같이 무언가를 규정하거나 정의할 때, 상대방에게 정보를 전달할 때와 같은 상황에서 쓸 수 있어요.

❷ 한 눈에 구문 보기

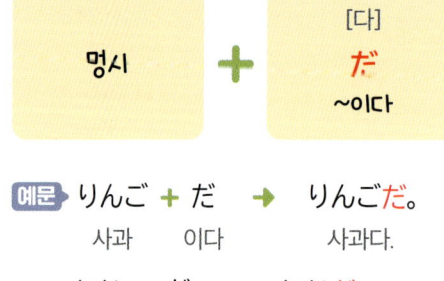

명사 + [다] だ ~이다

예문
りんご + だ → りんご**だ**。
사과 　　이다 　　사과다.

にじ + だ → にじ**だ**。
무지개 　이다 　　무지개다.

Plus 우리말 마침표와 다르게 일본어의 마침표는 (。)로, 가운데가 비어 있는 동그라미 모양이에요.

단어 ホテル [호테루] 호텔 | りんご [링고] 사과 | にじ [니지] 무지개

❸ 상황별로 말해보기

일어나, 바다에 도착했어!

우와! 바다다!

> 제시어 うわー [우와-] 우와(감탄사)
>
> うわー! うみだ!

너는 학생이야?

응. 학생이야.

> 제시어 うん [응] 응(긍정의 대답)
> …よ [~요] ~이야(정보 전달 및 강조 어미)
>
> うん。がくせいだよ。

저 분은 선생님이야?

응. 선생님이야.

> 제시어 せんせい [센세-] 선생님
>
> うん。せんせいだよ。

Plus 상대방이 모르는 정보를 전달하는 뉘앙스의 「…よ(~이야)」는 끝음을 살짝 올려 발음해요.

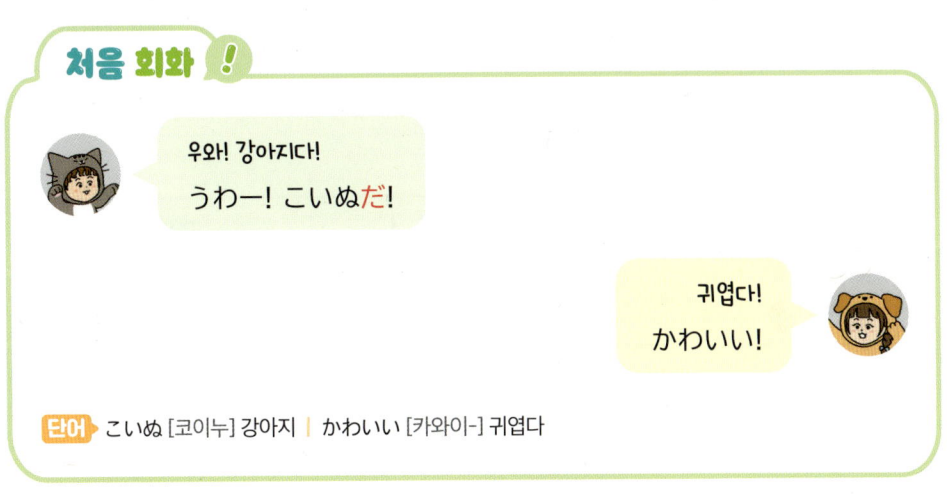

단어 こいぬ [코이누] 강아지 | かわいい [카와이-] 귀엽다

Quiz 「だ」를 활용하여, 빈칸에 알맞은 일본어 문장을 써 보세요.

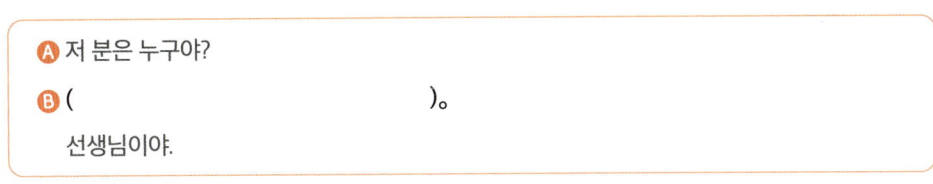

Ⓐ 저 분은 누구야?
Ⓑ (   ).
　 선생님이야.

정답 Ⓑ せんせいだよ。

10 보통명사 활용 **39**

 일본어랑 11일차

명사와 친해지기 프로젝트(2)
고유명사

개념체크 다음 중 고유명사는 몇 개일까요?

| ひと
人 사람 | くすり
薬 약 | くるま
車 차 | ほっかいどう
北海道 홋카이도 |

정답 1개(北海道 홋카이도)

❶ 고유명사, 넌 누구니?

명사의 큰 분류 중 고유명사는 사람의 이름이나 지명 등 이름을 나타내는 명사예요. 유일한 대상의 이름을 고유하게 나타내는 명사를 말해요.

❷ 그림으로 만나는 고유명사

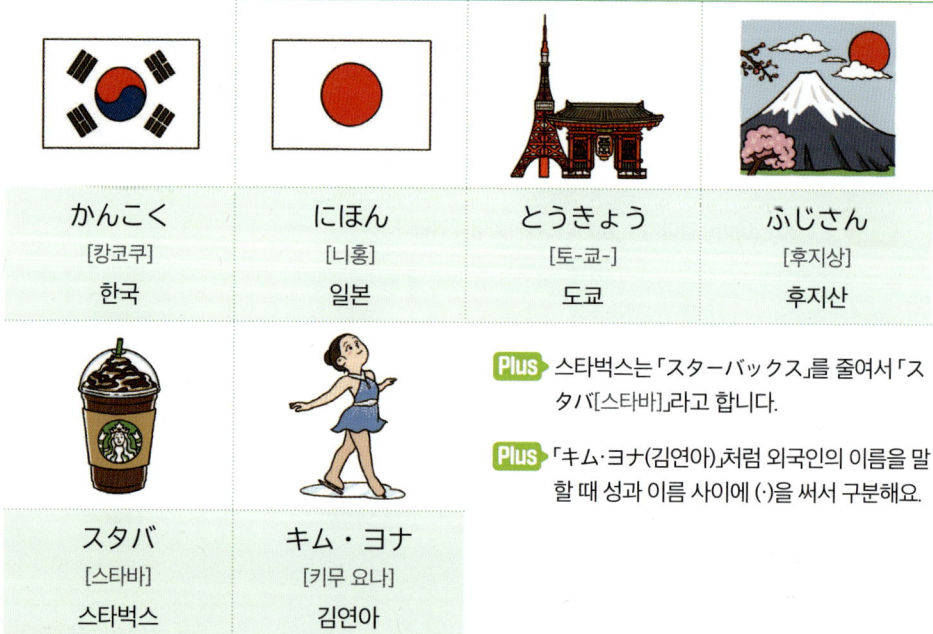

| かんこく
[캉코쿠]
한국 | にほん
[니홍]
일본 | とうきょう
[토-쿄-]
도쿄 | ふじさん
[후지상]
후지산 |

| スタバ
[스타바]
스타벅스 | キム・ヨナ
[키무 요나]
김연아 |

Plus 스타벅스는 「スターバックス」를 줄여서 「スタバ[스타바]」라고 합니다.

Plus 「キム・ヨナ(김연아)」처럼 외국인의 이름을 말할 때 성과 이름 사이에 (·)을 써서 구분해요.

❸ 보통명사와 고유명사 비교

다음과 같이 예시 단어를 통해 보통명사와 고유명사의 차이를 비교해 보세요.

보통명사		고유명사	
カフェ [카훼]	카페	スタバ [스타바]	스타벅스
国 [쿠니]	나라	韓国 [캉코쿠]	한국
山 [야마]	산	富士山 [후지상]	후지산
都市 [토시]	도시	東京 [토-쿄-]	도쿄
運動選手 [운도-센슈]	운동 선수	キム・ヨナ [키무 요나]	김연아

처음 회화 !

누구예요?
だれですか。

운동 선수 김연아예요.
運動選手、キム・ヨナです。

단어 だれ [다레] 누구(3인칭 의문 대명사)

Quiz 다음 중 '고유명사'에 해당하는 것을 골라 보세요.

とうきょう [토-쿄-]   せんせい [센세-]   カフェ [카훼]

정답 토きょう, 카훼

11 고유명사 41

"한국인이에요."
고유명사 활용

개념체크 다음 문장의 적절한 해석을 골라 보세요.

たこやきです。

① 타코야키야. ② 타코야키예요.

정답 ②(「…です」는 '~이에요'라는 뜻의 명사 현재 긍정 정중체 표현이에요.)

❶ 오늘의 표현 "~이에요"

명사 뒤에 「です」를 붙여 '~이에요', '~입니다'라는 뜻을 나타내요. 명사의 현재 긍정을 나타내는 정중체 표현이에요. 'OOO이에요', '한국인이에요', '선생님이에요'와 같이 이름이나 국적, 직업 등을 정중히 소개하는 경우에 두루 쓰일 수 있고, 그 밖의 다양한 명사와 결합하여 쓰이는 기본 표현이에요.

❷ 한 눈에 구문 보기

예문 ふじさん + です → ふじさんです。
후지산   이에요   후지산이에요.

パク・ダギョム + です → パク・ダギョムです。
박다겸(이름)   이에요   박다겸(이름)이에요.

단어 たこやき [타코야키] 타코야키

❸ 상황별로 말해보기

휴가는 어디로 가요?

도쿄요.

> 제시어 とうきょう [토-쿄-] 도쿄
>
> とうきょうです。

한국 사람이에요?

네. 한국인입니다.

> 제시어 はい [하이] 네(긍정 표현)
>
> はい。かんこくじんです。

저 카페 이름이 '모코'인가요?

아뇨, 스타벅스입니다.

> 제시어 いいえ [이-에] 아뇨(부정 표현)
>
> いいえ、スタバです。

Plus 「じん」은 한자로 「人」라고 쓰며, 주로 국가명 뒤에 쓰여 '~사람', '~인'을 나타내요.
예) 日本人(일본인), アメリカ人(미국인)

처음 회화 !

일본인인가요?
にほんじんですか。

아뇨, 저는 한국인이에요.
いいえ、わたしはかんこくじんです。

단어 にほんじん [니혼징] 일본인

Quiz 다음 빈칸에 알맞은 말을 써 보세요.

❶ にほんじん (　　　　　)。 일본인이에요.

❷ カフェ (　　　　　)。 카페야.

정답 ❶ です ❷ です か

12 고유명사 활용

 일본어랑 13일차

잘못 쓰면 일본 여고생 말투!?
1인칭 대명사

 음원 듣기

개념체크 '나'라는 뜻으로, 남녀노소 모두 쓸 수 있는 단어는 무엇인가요?

① ぼく 　　　　　② わたし

정답 ②(1번의 「ぼく」는 남성어에 속해요.)

❶ 대명사 개념 잡기

| 대명사 | 代 대신할 대
名 이름 명
詞 말씀 사 | → 사람이나 사물을 대신 나타내는 말 |

인칭대명사 '나', '저', '너', '당신', '그', '그녀' 등 사람을 가리키는 대명사

- **1인칭** '나', '저' (화자 자신)
- **2인칭** '너', '당신' (화자가 가리키는 청자)
- **3인칭** '그', '그녀' (그 밖의 제3자)

'대명사'는 사람이나 사물을 가리킬 때 각각의 정확한 명칭이 아닌 대신 가리키는 말을 뜻해요. 오늘은 인물을 칭하는 대명사인 인칭대명사에서 자신을 가리키는 1인칭에 대해 학습해 봅시다.

❷ 1인칭 대명사 종류

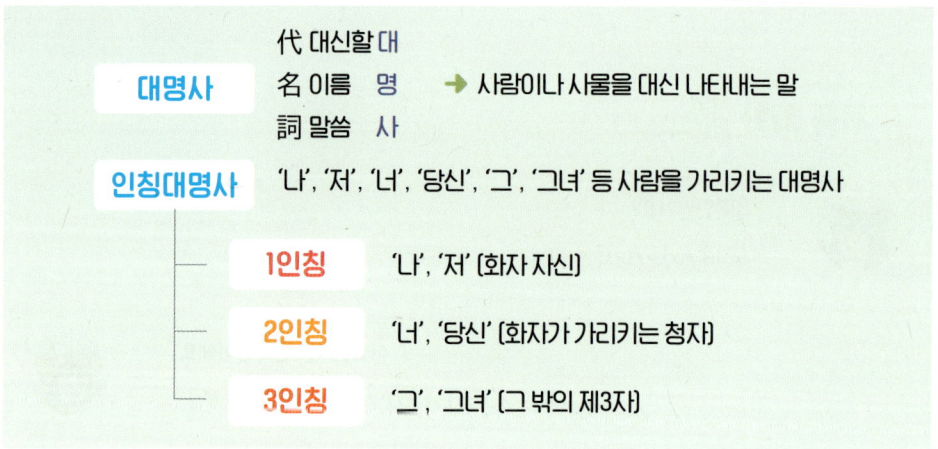

구분	누가 쓰나요?	어떻게 사용하나요?
私 [와타시] 저, 나		**언제?** 일상 대화, (면접, 회의, 비즈니스 등) 공적인 상황 가장 일반적이고 무난하게 남녀노소 자주 쓰는 표현으로 예의 바르고 공손한 느낌이에요. 여성은 [아타시]에 가깝게 발음하기도 해요.

私 [와탁시] 저		**언제?** (면접, 회의, 비즈니스 등) 공적인 상황 「私」보다 정중한 말로, 매우 공손한 표현이므로 보통 회화에서는 잘 쓰지 않고 공적인 자리에서 사용해요.
僕 [보쿠] 저, 나	 (주로 남성)	**언제?** 친구, 가족, 지인 등 친한 사이에서의 일상 대화 「私」보다 친근한 느낌으로, 친한 사이에서 사용해요. 어린 인상을 주기도 하며, 남자아이들이 자신을 나타낼 때 많이 사용해요.
俺 [오레] 나	 (거의 남성)	**언제?** 자신과 동등하거나 아랫사람과의 일상 대화 「僕」보다 거친 말투로 친한 친구 사이에서 사용해요. 격식을 차린 말투가 아니기 때문에 공적인 자리에서는 사용하지 않아요.
私たち [와타시타치] 우리		**언제?** 일상 대화에서 복수형 '우리'를 나타낼 때 「僕たち」나「俺たち」와 같이 결합하여 활용할 수 있어요.

처음 회화!

 선생님인가요?
せんせいですか。

아뇨, 우리는 학생이에요.
いいえ、私たちはがくせいです。

Quiz 복수형으로 '우리'를 나타내는 대명사를 골라 보세요.

　　私 [와타시]　　　　　私たち [와타시타치]

정답 私たち [와타시타치]

 **일본어랑 14일차**

"저는 회사원이에요."
1인칭 대명사 활용

 개념체크 빈칸에 들어갈 적절한 조사를 골라 보세요.

ぼく_____サラリーマンです。
저는 샐러리맨이에요.

① あ　　　　② わ　　　　③ は

정답 ③ ('~은/는'의 조사는 「は」를 사용해요.)

❶ 오늘의 표현! "~은 ~이에요"

「…は…です」는 '(명사1)은 (명사2)예요/입니다'라는 뜻으로, 주로 무언가 소개하거나 관계를 나타낼 때 쓰는 표현이에요. 여기서 조사「は」는 '~은/는'이라는 의미의 주격 조사예요. 원래 「は」의 발음은 'Ha[하]'이지만 이 글자가 조사로 쓰이면 'Wa[와]'로 발음해요.

❷ 한 눈에 구문 보기

예문 わたし ➕ は ➕ がくせい ➕ です
　　　　저　　　는　　　학생　　　이에요

→ わたしはがくせいです。
　저는 학생이에요.

단어 サラリーマン [사라리-망] 샐러리맨(봉급생활자)

❸ 상황별로 말해보기

미국 분이세요?
네. 저는 미국인입니다.

> 제시어 アメリカじん [아메리카징] 미국인
> はい。わたしはアメリカじんです。

학생인가요?
아뇨, 저는 회사원이에요.

> 제시어 かいしゃいん [카이샤잉] 회사원
> いいえ、わたしはかいしゃいんです。

두 분은 친구예요?
아뇨! 우리는 가족이에요.

> 제시어 かぞく [카조쿠] 가족
> いいえ！わたしたちはかぞくです。

Plus 조사를 기준으로 앞뒤를 살짝 띄워서 읽으면 의미 전달이 쉽고 자연스러워요.

처음 회화 !

당신은 가수인가요?
あなたはかしゅですか。

아뇨, 저는 배우예요.
いいえ、わたしははいゆうです。

단어 あなた [아나타] 당신 | かしゅ [카슈] 가수 | はいゆう [하이유-] 배우

Quiz 다음 빈칸에 알맞은 말을 써 보세요.

❶ わたし (　　　) マイケル (　　　)。 저는 마이클이에요.
❷ (　　　) は 運動選手(うんどうせんしゅ)です。 우리는 운동 선수예요.

정답 ❶ は / です ❷ わたしたち

'너'의 이름은?
2인칭 대명사&접미사

개념체크 '손님'이라는 단어 뒤에 붙여 사용할 수 없는 것은 무엇인가요?

お客(きゃく) ＿＿＿＿＿。

① さま　　　② さん　　　③ くん

정답 ③(「くん」은 어린 남성 이름 뒤에 쓰여 '~군'을 뜻하는 말이에요.)

❶ 2인칭 대명사&접미사 종류

'너', '당신'과 같은 표현이에요. 다만 한국어의 '너'와 100% 일치하는 표현은 없기 때문에 가급적이면 이름을 파악해서 부르는 편이 좋아요.

구분		어떻게 사용하나요?
あなた [아나타] 당신		**누가?** 아내가 / 제3자가 / 윗사람이 **누구에게?** 남편에게 / 이름 모르는 타인에게 / 아랫사람에게
		아내가 남편을 부를 때나 공익광고에서 불특정다수를 가리킬 때, 설문 조사에서 이름 모르는 타인을 가리킬 때 주로 써요.
君(きみ) [키미] 그대, 자네		**누가?** 주로 남성이 **누구에게?** 동년배에게 / 연하, 아랫사람에게
		친근하게 부르는 표현으로 만화책이나 노래 가사에 자주 사용돼요.
お前(まえ) [오마에] 너		**누가?** 주로 남성이 **누구에게?** 친구에게 / 아랫사람에게
		편하게 '너'라고 부르는 상황에서 가볍게 쓰는 표현으로 다소 거칠고 예의 없는 뉘앙스가 있어서 주의해야 해요.

Plus 일본어는 상대방과 나와의 관계(친밀도)에 따라 호칭이 달라져요.

구분		어떻게 사용하나요?
…さん [상] ~씨		**누구에게?** 일반적인 사이에 남녀 모두 사용 가능 **어떻게?** 성+さん(친하지 않은 경우) / 이름+さん(친한 경우)
		처음 만난 사람부터 매일 보는 사람까지 일반적으로 가장 자주 사용해요.
…さま [사마] ~님		**누구에게?** 비즈니스 상대(손님, 고객 등)에게 **어떻게?** 성+さま
		일상 생활에서는 거의 사용하지 않고, 공적인 상황이나 비즈니스 상황에서 접객할 때 사용해요.
…くん [쿤] ~군		**누구에게?** 남자 동급생에게 / 남자 후배에게 / 남자 어린이에게 **어떻게?** 성+くん(친하지 않은 경우) / 이름+くん(친한 경우)
		남자 동급생이나 남자 후배, 어린이를 부를 때 친근감을 나타내기 위해 사용해요. 성과 이름을 그대로 부르는 것보다는 먼 사이예요.
…ちゃん [짱] ~야, ~아		**누구에게?** 젊은 여성에게 / 여자 어린이에게 **어떻게?** 이름+ちゃん
		젊은 여성이나 어린이에게 친근감을 나타낼 때 사용해요. 윗사람에게 사용하거나 남자에게 사용하면 안 되므로 주의해요.

처음 회화!

하루토 씨, 처음 뵙겠습니다.
はると さん、はじめまして。

요시다 씨, 잘 부탁드립니다!
よしだ さん、どうぞよろしくおねがいします！

Quiz 성별이나 나이와 상관없이 가장 일반적으로 쓸 수 있는 접미사를 골라 보세요.

　　…くん [쿤]　　　　…さん [상]

정답 …さん [상]

"요시다 씨는 대학생이에요?"
2인칭 대명사&접미사 활용

 개념체크 다음 문장과 같이 질문할 때 빈칸에 쓰이는 표현은 무엇인가요?

もりさんはがくせいです _____ 。
모리 씨는 학생인가요?

① が　　　　② か　　　　③ よ

정답 ②('~입니까'라는 표현은 의문을 나타내는 「か」를 붙여야 해요.)

❶ 오늘의 표현! "~은 ~이에요?"

「…は…ですか」는 명사 현재 의문형의 정중한 표현으로 '(명사1)은 (명사2)이에요?/입니까?'라는 뜻이에요. 앞서 학습한 「…は…です」에 의문형 「か」를 붙여 의문문으로 만든 표현이에요. 이 밖에도 다양한 문장 끝에 「か」붙여서 의문문을 만들 수 있어요.

❷ 한 눈에 구문 보기

예문 あなた + は + かいしゃいん + ですか
　　　당신　　은　　회사원　　　이에요?

→ あなたはかいしゃいんですか。
　　당신은 회사원이에요?

단어 かいしゃいん [카이샤잉] 회사원

③ 상황별로 말해보기

직장인? 학생?

요시다 씨는 대학생입니까?

> 제시어 だいがくせい [다이각세-] 대학생

> よしださんはだいがくせいですか。

스무살 넘은 것 같은데?

하루토 군은 고등학생이에요?

> 제시어 こうこうせい [코-코-세-] 고등학생

> はるとくんはこうこうせいですか。

둘은 어떤 사이지?

야마다 씨는 친구예요?

> 제시어 ともだち [토모다치] 친구

> やまださんはともだちですか。

처음 회화!

야마다 씨는 의사예요?
やまださんはいしゃですか。

네, 맞아요.
はい、そうです。

단어 いしゃ [이샤] 의사

Quiz 다음 빈칸에 알맞은 말을 써 보세요.

❶ あなた(　　　　)がくせい(　　　　)。
　당신은 학생이에요?

❷ よしだ(　　　　)サインしてください。
　요시다 씨, 사인해 주세요.

정답 ❶ は / ですか ❷ さん

16 2인칭 대명사&접미사 활용 51

설마 '그 사람'이!?
3인칭 대명사

개념체크 3인칭의 표현이 아닌 것은 무엇인가요?

① おれ   ② かれ   ③ かのじょ

정답 ①('おれ'는 '나'라는 남성어 표현으로 1인칭에 해당돼요.)

❶ 3인칭 대명사 종류

오늘은 '그', '그녀', '여러분'과 같이 1인칭과 2인칭을 제외한 제3자를 나타내는 어휘를 학습해 봐요. 보다 다양한 상황에서 활용할 수 있도록 유사한 표현과 자주 쓰이는 기타 3인칭 대명사까지 다양하게 비교하며 알아봐요.

1) 그와 그녀

구분		어떻게 사용하나요?
彼 [카레] 그	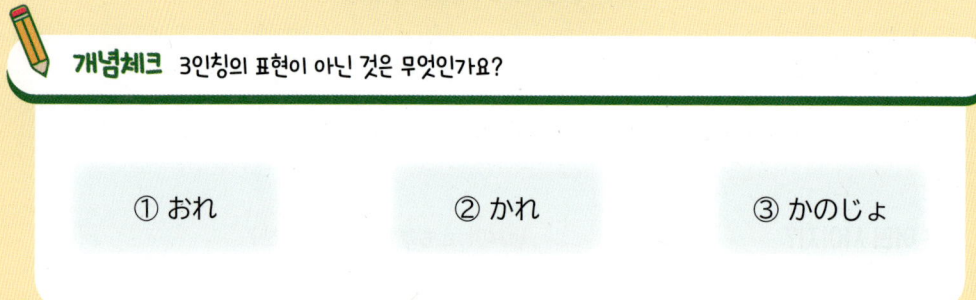	누구에게? 남자 3인칭으로 남자를 가리키는 표현이에요. 단, 윗사람에게는 사용하지 않아요. **Plus** '남자 친구'는 「彼氏(かれし)」라고 해요.
彼女 [카노죠] 그녀, 여자 친구		누구에게? 여자 / 여자 친구 3인칭으로 여자를 가리키는 표현으로, 사귀고 있는 여자 이성 친구를 뜻하기도 해요. 단, 윗사람에게는 사용하지 않아요..

2) 복수 표현

구분		어떻게 사용하나요?
皆さん [미나상] 여러분		누구에게? 복수의 사람들 '여러분, 안녕하세요!'처럼 3인칭으로 여러 사람들을 말할 때 사용해요. 단, 자기 자신은 포함하지 않아요.
みんな [민나] 모두		누구에게? 복수의 사람들 '(우리) 모두 힘냅시다!'처럼 3인칭으로 여러 사람들을 말할 때 사용해요. 단, 「皆さん」과 달리 자기 자신을 포함할 때도 있어요.

3) 그 밖의 3인칭 대명사

구분		어떻게 사용하나요?
誰 [다레] 누구		'누구'라는 3인칭 의문 대명사로, 누구인지 물어볼 때 사용해요. 예) 誰ですか。 [다레데스카] 누구입니까?
先輩 [셈빠이] 선배		누구에게? 선배(회사, 학교 등) 「○○先輩」 형식으로 쓰여요. 후배는 「後輩 [코-하이]」라고 하며, 선배와 달리 「○○後輩」 식으로는 쓰지 않아요.

처음 회화!

 그는 누구예요?
かれはだれですか。

학교 선배예요.
がっこうのせんぱいです。

Quiz 3인칭으로 남성을 가리키는 '그'에 해당하는 것을 골라 보세요.

| 彼 [카레] | 誰 [다레] |

"그녀도 일본인이에요?"
3인칭 대명사 활용

개념체크 빈칸에 들어갈 적절한 조사를 골라 보세요.

わたし_____かんこくじんです。
저도 한국인이에요.

① は　　　② と　　　③ も

정답 ③ ('~도'라는 뜻을 나타낼 때는 조사 「も」를 사용해요.)

---

❶ 오늘의 표현! "~도 ~이에요?"

「…も…ですか」는 '(명사1)도 (명사2)이에요?/입니까?'라는 뜻으로 앞서 학습한 「…ですか」 문형에서 조사를 「も」로 바꾼 표현이에요. 「も」는 '~도'라는 뜻으로 내용을 추가할 때 쓰이는데, 예를 들어 '당신도 좋아요?'와 같이 어떠한 것 또한 마찬가지인지 물어볼 때 쓸 수 있어요.

❷ 한 눈에 구문 보기

| 명사1 | [모]
も
~도 | + | 명사2 | [데스카]
ですか
~이에요? |

예문 かれ + も + ちこく + ですか
　　　　그　　도　　지각　　이에요?

→ かれもちこくですか。
　　그도 지각이에요?

단어 ちこく [치코쿠] 지각

❸ 상황별로 말해보기

일본어를 너무 잘해…!

그도 일본인입니까?

> 제시어 にほんじん [니혼징] 일본인
>
> かれもにほんじんですか。

나는 디자이너인데…

그녀도 디자이너예요?

> 제시어 デザイナー [데자이나-] 디자이너
>
> かのじょもデザイナーですか。

혹시 선배도 은행원?

선배도 은행원이에요?

> 제시어 ぎんこういん [깅코-잉] 은행원
>
> せんぱいもぎんこういんですか。

처음 회화 !

하루토 군도 휴무예요?
はるとくんもやすみですか。

아뇨, 그는 출근해요.
いいえ、かれはしゅっきんします。

단어 やすみ [야스미] 휴무, 휴일 | しゅっきん [슉킹] 출근

Quiz 다음 빈칸에 알맞은 말을 써 보세요.

❶ かのじょ(　　　)デザイナー(　　　)。
그녀도 디자이너예요?

❷ (　　　)、おひさしぶりです。
여러분, 오랜만이에요.

정답 ❶ も / ですか ❷ みなさん

18 3인칭 대명사 활용

명사와 명사의 연결고리!
조사 の

 개념체크 다음 한국어를 일본어로 바꿀 때 자연스러운 문장은 무엇인가요?

한국인 친구	① かんこくじん ともだち
	② かんこくじんの ともだち
	③ かんこくじんを ともだち

정답 ②(일본어는 명사와 명사 사이에 조사 「の」를 넣어 연결해요.)

❶ 조사 の의 다양한 역할

조사 「の」는 '~의'라는 뜻으로 주로 명사와 명사를 연결하는 경우에 쓰여요. 그밖에도 다양한 방식으로 활용되는 조사 「の」의 쓰임에 대해 학습해 봐요.

1) 명사와 명사를 연결하는 연결고리 역할

니홍고　노　홍	니혼　노　다이가쿠
にほんご の ほん	にほん の だいがく
일본어　(의)　책	일본　(의)　대학
[명사]　　　[명사]	[명사]　　　[명사]

가장 자주 쓰이는 용법으로, '일본어 책'이라고 말하고 싶을 때 「日本語本」이 아닌 「日本語の本」라고 써야 해요. 조사 「の」는 '~의'라고 해석하지만 상황에 따라 해석하지 않아도 돼요.

> **Plus** 단, 고유명사의 경우에는 명사와 명사 사이에 「の」를 넣지 않아요. 즉, 「日本の大学」가 '일본에 있는 대학'을 뜻하면, 「日本大学」는 '니혼'이라는 이름의 고유명사 '니혼대학'을 뜻해요.

2) 소유와 소속의 역할

타나카산	노	홍
たなかさん	の	ほん
다나카 씨 [명사]	의	책 [명사]

와타시	노	카방
わたし	の	かばん
나 [명사]	의	가방 [명사]

이처럼 조사 「の」는 명사와 명사 사이에 쓰여 소유나 소속 관계를 나타낼 수도 있어요.

3) 동격

각세-	노	키무상
がくせい	の	キムさん
학생 [명사]	인	김 씨 [명사]

조사 「の」는 명사와 명사 사이에 쓰여 동격을 나타내요. 위의 예를 통해 보면 '김 씨=학생'이라는 의미예요.

4) 소유(…のです 형태)

카방와	와타시 노	데스
かばんは	わたしの	です。
가방은	저의 것	이에요.

문말 「…です(~이에요)、…じゃありません(~이 아니에요)」 앞에 오는 「の」는 '~의 것'이라는 의미의 소유를 나타내요.

처음 회화 !

이거 선배 책이에요?
これ、せんぱいのほんですか。

아니, 요시다 씨의 한국어 책이야.
ううん、よしださんのかんこくごのほんだよ。

단어 ううん [우-웅] 아니(자연스럽게 부정을 나타내는 반말 표현)

Quiz '내 가방'이라는 의미로 올바르게 쓰인 것을 골라 보세요.

| わたし かばん | わたしの かばん |

정답 わたしの かばん

"내 책이 아니야."
조사の 활용

개념체크 다음 중 조사「の」의 성격이 다른 것은 무엇인가요?

① せんせいのほんです　② せんせいのです　③ せんせいのじゃない

정답 ①(1번은 명사와 명사를 이어주는 역할, 2, 3번은 소유의 의미로 쓰였어요.)

❶ 오늘의 표현! "~의 ~가 아니야"

명사에 「じゃない」를 붙이면 명사 부정형의 반말 표현으로 '(명사)가 아니야/아니다'라는 뜻이에요. 그 표현 앞에 조사 「の」를 붙여 소유격 의미를 추가할 수 있어요. 즉, 명사1+「の」+명사2+「じゃない」로 쓰여 '(명사1)의 (명사2)가 아니야/아니다'라는 뜻을 나타내요. 「の」의 쓰임을 잘 기억해 보며 예문을 익혀 봐요.

❷ 한 눈에 구문 보기

| 명사1 | [노]
の
~의 | ＋ | 명사2 | [쟈 나이]
じゃない
~이/가 아니야 |

예문 かのじょ ＋ の ＋ さいふ ＋ じゃない
　　　　그녀　　　의　　지갑　　이 아니야

→ かのじょのさいふじゃない。
　 그녀의 지갑이 아니야.

단어 さいふ [사이후] 지갑

❸ 상황별로 말해보기

이거 네 책이지?

> 아니, 내 책이 아니야.

제시어 ううん [우-웅] 아니(자연스럽게 부정을 나타내는 대답)

> ううん、わたしのほんじゃない。

노트북을 빌려야 하는데…!

> 아니, 선배 노트북이 아니야.

제시어 パソコン [파소콩] 노트북

> ううん、せんぱいのパソコンじゃない。

야마다 씨 생일을 잊었나 봐!

> 내일은 야마다 씨 생일이 아니야.

제시어 あした [아시타] 내일 | たんじょうび [탄죠-비] 생일

> あしたはやまださんのたんじょうびじゃない。

처음 회화 !

다나카 씨의 휴대 전화가 아니야.
たなかさんのケータイじゃない。

그럼, 누구 거예요?
じゃあ、だれのですか。

단어 ケータイ [케-타이] 휴대 전화 | じゃあ [쟈-] 그러면, 그렇다면

Quiz 다음 빈칸에 알맞은 말을 써 보세요.

❶ あなた (　　) プレゼント (　　　　　)。
   당신의 선물이 아니야.

❷ プレゼントは (　　　　　)。
   선물은 제 거예요.

정답 ❶ の / じゃない ❷ わたしのです

20 조사의 활용　59

이것, 그것, 저것!
지시대명사

 개념체크 빈칸에 들어갈 말로 알맞은 것은 무엇인가요?

_____、ください。

이거 주세요.

① どれ   ② あれ   ③ これ

정답 ③ ('이것'에 해당되는 말은 「これ」예요. 1번은 '어느 것', 2번은 '저것'이에요.)

❶ 지시대명사

지시대명사는 '이것', '그것', '저것'과 같이 사물을 가리키거나 '여기', '거기', '저기'와 같이 장소, 방향을 가리키는 경우에 쓰는 대명사를 말해요. 오늘은 사물을 가리키는 지시대명사에 대해 학습해 봐요.

이~			이것
こ…			これ [코레]
그~			그것
そ…	+ 것 >		それ [소레]
저~	れ		저것
あ…			あれ [아레]
어느~			어느 것
ど…			どれ [도레]

완벽한 일본어 문장으로 말할 줄은 모르더라도 이 네 가지 표현만 알면 일본 여행에서 물건을 구매할 때 유용하게 활용할 수 있기 때문에 꼭 알아두는 게 좋아요.

これ [코레] 말하는 사람에게 가까운 것

それ [소레] 상대방에게 가까운 것

あれ [아레] 말하는 사람과 상대방 모두에게 멀리 떨어져 있는 것

どれ [도레] 세 개 이상인 것 중에서 무엇인지 물을 때

예) やまださんのかばんはどれですか。
야마다 씨의 가방은 어느 것입니까?

처음 회화!

저 이어폰 당신 거예요?
あのイヤホンはあなたのですか。

어떤 거요?
どれですか。

단어 イヤホン [이야홍] 이어폰

Quiz '그것'에 해당하는 지시대명사를 골라 보세요.

| どれ [도레] | あれ [아레] | それ [소레] |

정답 それ [소레]

"이것은 내 모자가 아니에요."
지시대명사 활용

개념체크 다음 빈칸에 들어갈 명사 부정형에 해당되지 않는 것은 무엇인가요?

これは本_____。
이것은 책이 아니에요.

① じゃありません　　② ではありません　　③ くありません

정답 ③ (3번은 い형용사의 부정형으로 명사부정형에는 사용할 수 없어요.)

---

❶ 오늘의 표현! "~은 ~가 아니에요"

명사에 「じゃないです」를 붙이면 명사 부정형의 정중한 표현으로 '(명사)가 아니에요/아닙니다'라는 뜻이에요. 같은 표현으로 「…じゃありません[쟈 아리마셍]」과 「…ではありません[데와 아리마셍]」이 있는데, 「…じゃないです」가 가장 회화체에 가깝고 뒤로 갈수록 더 정중하고, 공손한 문어체에 가까워요. 앞서 학습한 지시대명사를 활용해 학습해 봐요.

❷ 한 눈에 구문 보기

| 지시대명사 | [와]
は
~은/는 | ＋ | 명사 | [쟈 나이데스]
じゃないです
~이/가 아니에요 |

예문 これ ＋ は ＋ わたしのペン ＋ じゃないです
　　　 이것　　은　　　내 펜　　　　이 아니에요

→ これはわたしのペンじゃないです。
　 이것은 내 펜이 아니에요.

단어 ペン [펭] 펜

❸ 상황별로 말해보기

이 모자 주인!

이건 제 모자가 아니에요.

> 제시어 ぼうし [보-시] 모자
>
> これはわたしのぼうしじゃないです。

이거 한국 드라마예요?

아뇨, 그것은 한국 드라마가 아니에요.

> 제시어 ドラマ [도라마] 드라마
>
> いいえ、それはかんこくドラマじゃないです。

주차된 차의 주인은?

저것은 친구 차가 아니에요.

> 제시어 くるま [쿠루마] 차
>
> あれはともだちのくるまじゃないです。

> **Plus** 명사와 명사 사이를 연결하는 조사 「の」는 「かんこくドラマ(한국 드라마)」처럼 그 자체가 한 단어로 굳어진 경우에는 생략하기도 해요.

처음 회화 !

(지갑을 주워주며) 저기요! 이거….
すみません! これ…。

그것은 제 지갑이 아니에요.
それはわたしのさいふじゃないです。

Quiz 다음 빈칸에 알맞은 말을 써 보세요.

Ⓐ ともだち(　　　)かばん(　　　)どれですか。
　친구 가방은 어느 것이에요?

Ⓑ (　　　　　　　　　)。 저거예요.

정답 Ⓐ の / は Ⓑ あれです

여기, 거기, 저기!
장소 지시대명사

 개념체크 빈칸에 들어갈 말로 가장 자연스러운 것은 무엇인가요?

A (멀리 가리키며) 저기는 어디에요?
B _____는 미술관이에요.

① 여기 ② 어디 ③ 저기

정답 ③ (두 사람 모두에게서 먼 곳을 이야기할 때는 두 사람 모두 '저기'라고 말하죠? 일본어도 마찬가지예요.)

❶ 장소 지시대명사

지시대명사 중 장소 지시대명사는 '여기', '거기', '저기'와 같이 장소나 방향을 나타내는 대명사를 말해요. 사물을 가리키는 지시대명사와 비슷한 구조로 익혀 보세요.

이~		이곳, **여기**
こ…		ここ [코코]
그~		그곳, **거기**
そ…	**+ 곳 こ >**	そこ [소코]
저~		저곳, **저기**
あそ…		★ あそこ [아소코]
어느~		어느 것
ど…		どこ [도코]

「ここ[코코]」는 앞서 학습한 발음 규칙에 따라 '고꼬'에 가깝게 발음해야 자연스러워요. 또한, 사물 지시대명사와 같이 '저곳'은 「あこ[아코]」라고 예상할 수 있으나 예외로 '저곳'을 말할 때는 「あそこ[아소코]」라고 하는 점에 주의하세요.

ここ
이곳, 여기

そこ
그곳, 거기

あそこ
저곳, 저기

ここ [코코] 말하는 사람이 있는 곳
そこ [소코] 상대방이 있는 곳
あそこ [아소코] 둘 다에게서 먼 곳

どこ
어디

どこ [도코] 장소를 묻는 의문형으로 「…はどこですか(~은/는 어디입니까?)」라고 물어볼 수 있어요.

예) トイレはどこですか。 화장실은 어디입니까?

Plus '~쪽'을 나타내는 방향 지시대명사는 다음과 같이 존댓말과 반말 표현으로 구분돼요.

	이쪽	그쪽	저쪽	어느 쪽
존댓말	こちら [코치라]	そちら [소치라]	あちら [아치라]	どちら [도치라]
	이쪽	그쪽	저쪽	어느 쪽
반말	こっち [콧치]	そっち [솟치]	あっち [앗치]	どっち [돗치]

처음 회화!

역은 어느 쪽이에요?
えきはどちらですか。

저쪽이에요.
あちらです。

단어 えき [에키] 역

Quiz '저기'에 해당하는 지시대명사를 골라 보세요.

そこ [소코]   あそこ [아소코]   こっち [콧치]

정답 あそこ [아소코]

23 장소 지시대명사 65

"거기는 우리 학교였어."
장소 지시대명사 활용

개념체크 빈칸에 들어갈 말로 가장 자연스러운 것은 무엇인가요?

昨日(きのう)はパーティー_____。
어제는 파티였어.

① だった　　② だ　　③ です

정답 ①(명사의 과거 긍정 반말형은 「…だった」를 사용해요.)

❶ 오늘의 표현 "~은 ~였어"

명사에 「だった」를 붙이면 명사 과거형의 반말 표현으로 '(명사)였어/였다'라는 뜻이에요. '거기는 우리 학교였어', '어제 먹은 건 소바였어'와 같은 표현을 할 수 있어요. 오늘은 지시대명사를 활용하여 '~은 ~였어/였다'라는 뜻의 '장소 지시대명사 + は + 명사 + だった' 표현을 연습해 봐요.

❷ 한 눈에 구문 보기

| 장소 지시대명사 | [와] は ~은/는 | ＋ | 명사 | [닷 타] だった ~였어 |

예문 そこ ＋ は ＋ まえのかいしゃ ＋ だった
그곳　은　　예전 회사　　였어

➡ そこはまえのかいしゃだった。
그곳은 예전 회사였어.

단어 そこ [소코] 그곳, 거기 | まえ [마에] 예전, 앞, 전 | かいしゃ [카이샤] 회사

❸ 상황별로 말해보기

여행 가서 가이드하기

여기는 역이였어. > 제시어 えき [에키] 역

ここはえきだった。

동네 소개하기

거기는 우리 중학교였어. > 제시어 ちゅうがっこう [츄-각코-] 중학교

そこはわたしのちゅうがっこうだった。

급하다 급해!

화장실은 저쪽이였어! > 제시어 トイレ [토이레] 화장실

トイレはあそこだった！

> **Plus** 예를 들어 '화장실은 저쪽이였어'와 '저쪽은 화장실이였어'와 같이 장소 지시대명사와 명사는 서로 자리를 바꿔도 그 의미가 통해요.

처음 회화 !

편의점은 이쪽이야!
コンビニはこっちだよ！

아니야! 편의점은 저쪽이였어!
ちがう！コンビニはあっちだった！

단어 コンビニ [콤비니] 편의점 | ちがう [치가우] 다르다('아니다'라는 반말체 표현)

Quiz 다음 빈칸에 알맞은 말을 써 보세요.

ⓐ (　　　　) きれい！ (사진을 가리키며) 거기 예쁘다!

ⓑ (　　　　) わたしのがっこう (　　　　　　)。
　여기는 우리 학교였어.

정답 ⓐ そこ ⓑ ここ / だった

 일본어랑 25일차

 음원 듣기

이 사람, 그 사람, 저 사람!
명사 수식 지시대명사

개념체크 빈칸에 들어갈 말로 가장 자연스러운 것은 무엇인가요?

_____のバックはたかい。
그 백(가방)은 비싸.

① こ　　　　② そ　　　　③ あ

정답 ②(상대방에게서 가까운 것을 가리킬 때는 「そ…(그~)」를 사용해요.)

❶ 지시대명사와 명사 연결

'이 사람', '저 차', '저 가게'와 같이 지시대명사를 활용하여 뒤에 놓이는 명사를 수식하는 표현에 대해 알아봐요. 지시대명사도 명사에 속하기 때문에 뒤의 명사와 결합하는 경우 중간에 조사「の」를 넣어서 수식할 수 있어요.

지시대명사	の	명사
이~ こ… 그~ そ… 저~ あ… 어느~ ど…	+の	+車 [쿠루마] 차

이 차
このくるま [코노쿠루마]
그 차
そのくるま [소노쿠루마]
저 차
あのくるま [아노쿠루마]
어느 차
どのくるま [도노쿠루마]

Plus 「あの韓国語の辞書ははやしさんのです。(저 한국어 사전은 하야시 씨의 거예요.)」와 같이 한 문장 안에 조사 「の」가 많이 들어간다고 해서 이상하거나 어색한 문장이 아니에요. 조사 「の」의 다양한 쓰임을 잘 기억하여 상황에 따라 활용하세요.

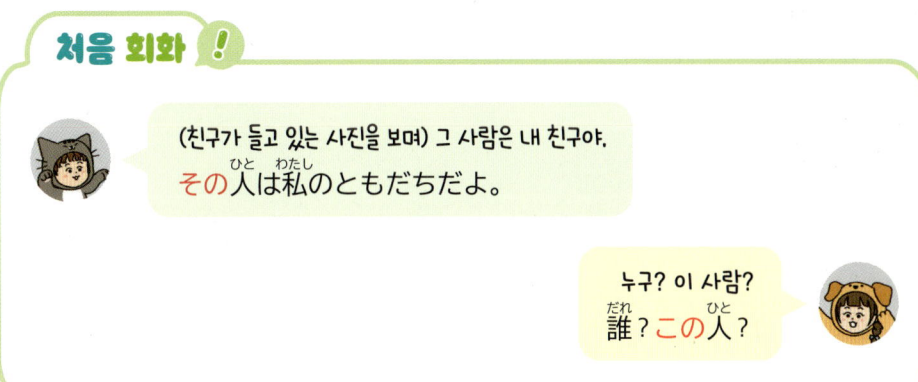

Quiz '저 사람'에 해당하는 일본어를 골라 보세요.

| あれひと [아레히토] | あのひと [아노히토] | どのくるま [도노쿠루마] |

정답 あのひと [아노히토]

25 명사 수식 지시대명사   69

"이 시계는 모리 씨의 시계였어요."
명사 수식 지시대명사 활용

 개념체크 다음 문장을 옳게 해석한 것은 무엇인가요?

きのうはテストだった。

① 어제는 테스트였어. ② 어제가 테스트였던가? ③ 어제는 테스트였어요.

정답 ①('…だった」는 '~(ㅆ)다'의 의미로, 오늘은 이 표현의 정중형을 배워볼게요.)

❶ 오늘의 표현! "~은 ~였어요"

명사에 「でした」를 붙이면 명사 과거형의 정중한 표현으로 '(명사)였어요/였습니다'라는 뜻을 나타내요. 앞에 주어와 함께 쓰여 '원래는 제 일이었어요', '그 차는 제 차였어요'와 같은 표현을 할 수 있어요. 오늘은 앞서 학습한 지시대명사의 명사 연결 표현을 함께 활용하여 연습해 봐요.

❷ 한 눈에 구문 보기

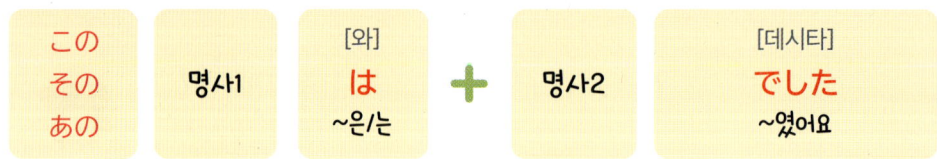

예문 この + みせ + は + しょくどう + でした
　　　　이　　 가게　　 는　　 식당　　　 이었어요

→ このみせはしょくどうでした。
　 이 가게는 식당이었어요.

단어 みせ [미세] 가게 | しょくどう [쇼쿠도-] 식당

❸ 상황별로 말해보기

시계가 떨어져 있네…?

이 시계는 모리 씨의 시계였어요.

> 제시어 とけい [토케-] 시계
> このとけいはもりさんのとけいでした。

당신의 예전 직업은!?

저 분은 의사였어요.

> 제시어 かた [카타] 분(존중하여 상대를 가리키는 말)
> あのかたはいしゃでした。

친구에게 빌려줬던 우산

그 우산은 제 거였어요.

> 제시어 かさ [카사] 우산 | もの [모노] 것, 물건
> そのかさは 私(わたし) のものでした。

처음 회화 !

누구였어요?
だれでしたか。

그 번호는 전남친 번호였어요!
そのばんごうはもとかれのばんごうでした！

단어 ばんごう [방고-] 번호 | もとかれ [모토카레] 전남친(옛 남자 친구의 준말)

Quiz 다음 빈칸에 알맞은 말을 써 보세요.

❶ (　　　　　　) はだれですか。
　　저 사람은 누구예요?

❷ (　　　　) がっこうはわたしのだいがく (　　　　)。
　　저 학교는 우리 대학교였어.

정답 ❶ あのひと ❷ あの / でした

26 명사 수식 지시대명사 활용

종합 연습문제

1 다음 질문에 알맞은 답을 골라보세요.

1 명사에 대한 설명으로 옳은 것은?
① 눈에 보이는 사물의 이름만을 명사로 칭한다.
② 구체적, 추상적인 대상이나 사물의 이름이다.
③ '시간','평화'와 같은 단어는 '구체명사'이다.

4 다음 중 긍정문이 아닌 것은?
① 彼は先生じゃない。
② はやしさんもデザイナーだ。
③ かばんはキムさんのだった。

2 다음 중 1인칭대명사가 아닌 것은?
① 私
② あなた
③ 俺

5 다음 중 지시대명사의 연결로 옳은 것은?
① 장소지시 - これ/それ/あれ/どれ
② 방향지시 - こちら/そちら/あちら/どちら
③ 사물지시 - ここ/そこ/あそこ/どこ

3 각 인칭대명사의 설명으로 옳지 않은 것은?
① わたくし - '나, 저'의 공손한 표현
② だれ - '누구'라는 뜻의 3인칭 의문대명사
③ お前 - 비즈니스에서 사용하는 2인칭 대명사

6 다음 문장을 일본어로 올바르게 나타낸 것은?

> 저의 노트가 아니에요.

① 私のノートでわありません。
② 私ノートではありません。
③ 私のノートじゃありません。

2 제시된 문장에 맞게 빈칸을 채워 보세요.

1 저는 회사원입니다.

→ _____ 会社員(かいしゃいん) _____ 。

2 편의점은 어디인가요?

→ コンビニは _____ 。

3 어제도 아르바이트였어요.

→ 昨日(きのう) _____ アルバイト _____ 。

4 저 스마트폰, 사토 씨의 것이었어.

→ _____ スマホ、佐藤(さとう)さん _____ 。

5 룸(방)은 그 쪽이 아니야.

→ ルームは _____ 。

6 제 차는 독일 차가 아니에요.

→ _____ 車(くるま)はドイツ _____ 。

처음 Talk talk!

MP3를 들으며 일본어 기초 회화 표현을 말해 보세요.

우와- 우미다

うわー！うみだ！

우와! 바다다!

와타시타치와 카조쿠데스

私たちはかぞくです。

우리는 가족이에요.

아시타와 야마다산노 탄죠-비 쟈 나이

あしたはやまださんのたんじょうびじゃない。

내일은 야마다 씨 생일이 아니야.

코레와 와타시노 보-시 쟈 나이데스

これは私のぼうしじゃないです。

이건 제 모자가 아니에요.

소코와 와타시노 츄-각코- 닷타

そこは私のちゅうがっこうだった。

거기는 우리 중학교였어.

아노 카타와 이샤 데시타

あのかたはいしゃでした。

저 분은 의사였어요.

EPISODE

일본어 명사와 친해지기②
'날짜, 숫자, 수 개념'

월화수목금토일!
요일 표현

개념체크 다음 중 수요일은 일본어로 어떻게 말할까요?

① すようび　　② すいよび　　③ すいようび

정답 ③ (수요일은 「すいようび」예요.)

❶ 요일

일본어로 요일은 「曜日」이라고 하고 「ようび」라고 읽어요. 우리나라처럼 월요일부터 일요일까지 동일한 한자 표현이라 발음이 유사하여 쉽게 익힐 수 있을 거예요.

월요일	화요일	수요일	목요일
げつようび 月曜日 [게츠요-비]	かようび 火曜日 [카요-비]	すいようび 水曜日 [스이요-비]	もくようび 木曜日 [모쿠요-비]

금요일	토요일	일요일
きんようび 金曜日 [킹요-비]	どようび 土曜日 [도요-비]	にちようび 日曜日 [니치요-비]

그렇다면 요일을 물을 때는 뭐라고 말할까요? 요일을 물을 때는 '무슨 요일입니까?'라는 뜻의 「何曜日ですか[낭요-비 데스까]」라고 하면 돼요.

Plus 주말을 뜻하는 「週末 [슈-마츠]」와 휴일, 휴가를 뜻하는 「休み [야스미]」도 함께 기억해 두세요.

Plus 우리말로 '월, 화, 수, 목, 금, 토, 일'이라고 줄여 말하듯 일본어도 「月, 火, 水, 木, 金, 土, 日」라고 해요.

❷ 날짜와 관련된 표현

날짜와 관련된 어휘를 활용하여 요일을 물어보세요.

그제, 그저께	어제	오늘	내일	모레
おととい [오토토이]	昨日 [키노-]	今日 [쿄-]	明日 [아시타]	あさって [아삿테]

예문 今日は何曜日ですか。
오늘은 무슨 요일이에요?

明日はやまださんの誕生日ですか。
내일은 야마다 씨 생일이에요?

처음 회화!

데이트는 무슨 요일이에요?
デートは何曜日ですか。

수요일이에요.
水曜日です。

단어 デート [데-토] 데이트

Quiz 다음 중 '토요일'에 해당하는 것을 골라 보세요.

とようび   どようび

정답 どようび

27 요일 표현 77

"생일은 토요일이었어?"
요일 표현 활용

개념체크 빈칸에 들어갈 말로 가장 자연스러운 것은 무엇인가요?

たんじょうび_____?
생일이었어?

① だ　　　② だった　　　③ でした

정답 ②(명사의 과거 의문형 반말 표현은 「…だった?」를 사용해요.)

❶ 오늘의 표현! "~였어?"

'(명사)였다'라는 뜻의 「명사+だった」 표현을 기억하나요? 오늘은 이 표현에 끝 음만 올려 나타내는 「명사+だった?」 '(명사)였어?'라는 의문문을 알아봐요. 정중형일 때는 의문사 「か」를 통해 의문형임을 알 수 있어 마침표로 표기하지만, 반말의 경우에는 평서문과 의문문이 구분이 되지 않아 문장 끝에 물음표를 붙여줘야 의문형임을 알 수 있어요.

❷ 한 눈에 구문 보기

명사 ＋ [닷 타] **だった?** ~였어?

예문 日曜日(にちようび) ＋ だった? → 日曜日(にちようび)だった?
일요일　　　이었어?　　　일요일이었어?

Plus '사과야?'와 같이 명사의 현재형 의문을 나타내는 경우에는 「りんご?」라고 명사만 표기하고 끝 음만 올리면 돼요.

❸ 상황별로 말해보기

요일 묻고 답하기

어제는 무슨 요일이었어?

> 제시어 何 [낭] 무엇, 어떤 것
>
> 昨日は何曜日だった？

생일이 궁금해.

생일은 토요일이었어?

> 제시어 誕生日 [탄죠-비] 생일
>
> 誕生日は土曜日だった？

일정을 깜빡했어!

오늘 회의였어?

> 제시어 かいぎ [카이기] 회의
>
> 今日はかいぎだった？

처음 회화 !

어제, 도서관은 휴일이었어?
昨日、図書館は休みだった？

응, 휴일이었어.
うん、休みだった。

단어 図書館 [토쇼캉] 도서관

Quiz 다음 빈칸에 알맞은 말을 써 보세요.

Ⓐ はるとさん、(　　　　　)はたんじょうび(　　　　)?
하루토 씨, 오늘 생일이었어?

Ⓑ ちがう！(　　　　　)。
아니! 내일이야.

 일본어랑 **29**일차

1월, 2월, 3월…
숫자와 월(月) 표현

 음원 듣기

 개념체크 다음 중 숫자와 일본어의 연결이 잘못된 것은 무엇인가요?

① 1 - いち   ② 4 - し   ③ 5 - こ

정답 ③ (5는 일본어로 「ご」예요.)

❶ 숫자

일본어로 시간을 묻거나, 날짜를 묻는 것 외에도 숫자를 활용하는 표현은 무궁무진해요. 그만큼 숫자 표현은 잘 암기해 두어야 해요. 1~99까지는 아래 표현들을 조합하여 만들 수 있으니 이 표만 외워도 기초적인 수 표현은 가능해요.

0	れい [레-] / ゼロ [제로]	6(六)	ろく [로쿠]
1(一)	いち [이치]	7(七)	しち [시치] / なな [나나] ★
2(二)	に [니]	8(八)	はち [하치]
3(三)	さん [상]	9(九)	く [쿠] / きゅう [큐-] ★
4(四)	し [시] / よん [용] ★	10(十)	じゅう [쥬-]
5(五)	ご [고]	11(十一)	じゅういち [쥬-이치]

두 가지 이상의 표현을 가지고 있는 숫자의 경우, 나타내려는 숫자가 10보다 큰 수일 때 4, 7, 9는 「よん、なな、きゅう」로 읽어야 해요.

❷ 월(月)

일본어로 월을 나타낼 때는 각 수에 「がつ(月)」를 붙이면 돼요.

1월	いちがつ (1月)	5월	ごがつ (5月)	9월	くがつ (9月)★
2월	にがつ (2月)	6월	ろくがつ (6月)	10월	じゅうがつ (10月)
3월	さんがつ (3月)	7월	しちがつ (7月)★	11월	じゅういちがつ (11月)
4월	しがつ (4月)★	8월	はちがつ (8月)	12월	じゅうにがつ (12月)

Plus 때를 나타내는 다양한 어휘를 알아봐요. 「月(월)」는 조수사 개념으로 수와 함께 쓸 때는 「がつ[가츠]」라고 발음하고, 다른 한자와 조합해서 쓸 때는 「げつ[게츠]」라고 해요. (단, 예외도 있어요.)

지난달	이번 달	다음 달	몇 월
せんげつ 先月	こんげつ 今月	らいげつ 来月	なんがつ 何月

처음 회화 !

언제부터 언제까지예요?
いつからいつまでですか。

1월부터 7월까지예요.
いちがつ　しちがつ
1月から7月までです。

Plus 「Aから、Bまで(A부터 B까지)」는 숫자, 기간, 날짜, 장소 등 범위의 시작과 끝을 나타내요.
단어 いつ [이츠] 언제

Quiz 다음 중 '9월'에 해당하는 일본어를 골라 보세요.

きゅうがつ　　　　くがつ

정답 > くがつ

29 숫자와 월(月) 표현

"6월부터 여름방학이었어요?"
숫자와 월(月) 표현 활용

 개념체크 빈칸에 들어갈 말로 가장 자연스러운 것은 무엇인가요?

アルバイト_____。
아르바이트였어요?

① ですか　　　② でしたか　　　③ だったか

정답 ②(명사의 과거 의문형 정중 표현은 「…でしたか」를 사용해요.)

❶ 오늘의 표현! "~였어요?"

명사에 「でしたか」를 붙이면 명사 과거 의문형의 정중 표현으로 '(명사)였어요?/였습니까?'라는 뜻이에요. 앞서 학습한 「명사+だった?」의 정중한 말이에요. '이거 숙제였나요?'처럼 확인차 물을 때 자주 쓰이며 이 표현을 활용해서 「おげんきでしたか[오겡키데시타카]」처럼 '잘 지냈나요?'라는 안부 묻는 표현도 할 수 있어요.

❷ 한 눈에 구문 보기

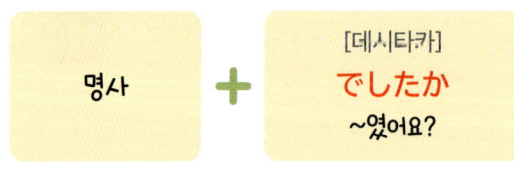

예문　結婚式は何月 + でしたか。 → 結婚式は何月でしたか。
　　　결혼식은 몇 월　　이었어요?　　　결혼식은 몇 월이었어요?

단어　結婚式 [켁콘시키] 결혼식

❸ 상황별로 말해보기

테스트가 언제였지?
테스트는 지난달이었어요?

> 제시어 テスト [테스토] 테스트
> テストは先月でしたか。

일본 입학식은 벚꽃이 필 때!
일본의 입학식도 3월이었어요?

> 제시어 にゅうがくしき [뉴-가쿠시키] 입학식
> 日本のにゅうがくしきも3月でしたか。

기다리고 기다리던 방학!
6월부터 여름 방학이었어요?

> 제시어 なつやすみ [나츠야스미] 여름 방학
> 6月からなつやすみでしたか。

처음 회화 !

하루 종일 집이었어요?
一日中家でしたか。

네, 어제부터 오늘까지 휴가였어요.
はい、昨日から今日まで休みでした。

단어 一日中 [이치니치쥬-] 하루 종일 | 家 [이에] 집

Quiz 다음 빈칸에 알맞은 말을 써 보세요.

Ⓐ 今日はかいぎ(　　　　　)。
오늘 회의였어요?

Ⓑ いいえ、(　　　　　)。
아뇨, 내일이에요.

정답 Ⓐ でしたか Ⓑ あしたです

30 숫자와 월(月) 표현 활용　83

1일, 2일, 3일…
일(日) 표현

 개념체크 다음 중 숫자 4의 발음은 몇 개일까요?

よん	し	よ

정답 3개(일본어 숫자 4는 다양한 발음을 가지고 있어 잘 구분해서 암기해야 해요.)

❶ 일(日)

오늘은 1일부터 31일까지의 표현을 하나씩 학습할 거예요. 날짜를 나타낼 때 꼭 필요한 표현이니 하나 하나 입으로 소리내어 읽어 보면서 외워 보세요.

1) 1일~10일 ★

1일	ついたち (1日)	6일	むいか (6日)
2일	ふつか (2日)	7일	なのか (7日)
3일	みっか (3日)	8일	ようか (8日)
4일	よっか (4日)	9일	ここのか (9日)
5일	いつか (5日)	10일	とおか (10日)

1~10일까지는 앞서 배운 월 표현과 달리 표현이 다 다르게 구성되어 있죠. 일본에 한자 개념이 들어오기 전부터 있던 고유의 표현이기 때문이에요. 마치 우리말의 '하루', '이틀', '사흘', '나흘'과 비슷해요.

이제부터 학습할 11일~30일까지는 기존에 배운 숫자대로 읽고 「日」을 「にち」라고 읽으면 돼요. 단, 14일, 20일, 24일은 예외예요. 또한, ~7일, ~9일도 숫자 읽는 법에 유의해서 암기하세요.

2) 11일~20일

11일	じゅういちにち (11日)	16일	じゅうろくにち (16日)
12일	じゅうににち (12日)	17일	じゅうしちにち (17日)★
13일	じゅうさんにち (13日)	18일	じゅうはちにち (18日)
14일	じゅうよっか (14日)★	19일	じゅうくにち (19日)★
15일	じゅうごにち (15日)	20일	はつか (20日)★

3) 21일~31일

21일	にじゅういちにち (21日)	27일	にじゅうしちにち (27日)★
22일	にじゅうににち (22日)	28일	にじゅうはちにち (28日)
23일	にじゅうさんにち (23日)	29일	にじゅうくにち (29日)★
24일	にじゅうよっか (24日)★	30일	さんじゅうにち (30日)
25일	にじゅうごにち (25日)	31일	さんじゅういちにち (31日)
26일	にじゅうろくにち (26日)	며칠	なんにち (何日)

처음 회화 !

선생님, 생신은 언제예요?
先生(せんせい)、お誕生日(たんじょうび)はいつですか。

4월 24일이에요.
4月２４日(しがつにじゅうよっか)です。

Plus 타인의 생일, 특히 윗사람의 생신을 말할 때는 「誕生日」 앞에 「お」를 붙이는 것이 좋아요.

Quiz 다음 중 '8일'에 해당하는 것을 골라 보세요.

よっか   ようか

정답 ようか

"결혼 기념일은 10일이 아니었어."
일(日) 표현 활용

개념체크 밑줄 친 표현과 바꿔 쓸 수 있는 것은 무엇인가요?

ついたち <u>じゃ</u> なかった。
1일이 아니었어.

① では ② でわ ③ は

정답 ①(「じゃなかった」와 「ではなかった」는 서로 바꿔 쓸 수 있어요.)

❶ 오늘의 표현! "~가 아니었어"

명사에 「じゃなかった」를 붙이면 명사 과거 부정형의 반말 표현으로 '(명사)가 아니었어/아니었다'라는 뜻이에요. '사실이 아니었어', '알고 보니 오늘이 아니었어'처럼 애초에 생각했던 것과 다른 상황임을 나타낼 때 자주 쓰여요.

❷ 한 눈에 구문 보기

명사 ＋ **じゃなかった** [쟈 나캇타]
~이/가 아니었어

예문
約束は7日 ＋ じゃなかった → 約束は7日じゃなかった。
약속은 7일   이 아니었어   약속은 7일이 아니었어.

私のにもつ ＋ じゃなかった → 私のにもつじゃなかった。
내 짐   이 아니었어   내 짐이 아니었어.

단어 約束[약소쿠] 약속 | にもつ[니모츠] 짐

❸ 상황별로 말해보기

과장님 생일을 착각했어!

과장님 생일은 4월 3일이 아니었어.

> 제시어 課長 [카쵸-] 과장님
>
> 課長の誕生日は4月3日じゃなかった。

면접 접수를 놓치다니!

접수는 14일이 아니었어.

> 제시어 うけつけ [우케츠케] 접수
>
> うけつけは14日じゃなかった。

집에 못 들어가겠어….

결혼 기념일은 10일이 아니었어.

> 제시어 けっこんきねんび [켁콩키넴비] 결혼 기념일
>
> けっこんきねんびは10日じゃなかった。

처음 회화 !

 무슨 일이야?
どうしたの？

리포트, 20일까지 아니었어. 오늘까지였어!
レポート、20日までじゃなかった。今日までだった！

단어 ▶ レポート [레포-토] 리포트

Quiz 다음 빈칸에 공통으로 들어갈 말을 써 보세요.

❶ 今日は19日 (   )。
오늘은 19일이 아니었어.

❷ あの日はにゅうがくしき (   )。
그날은 입학식이 아니었어.

정답 じゃなかった

1개, 2개, 3개…
사물의 개수 표현

 개념체크 다음 중 사물의 개수를 세는 표현이 아닌 것은 무엇인가요?

① いっこ   ② ひとつ   ③ いちじ

정답 ③ いちじ (1시)

❶ 사물의 개수 세기 …つ

오늘은 사물의 개수를 세는 조수사 표현을 배워볼 거예요. 「つ」가 붙어 있는 아래 표현들은 10 미만의 작은 수까지만 나타낼 수 있어요.

1개	ひとつ (一つ)	6개	むっつ (六つ)
2개	ふたつ (二つ)	7개	ななつ (七つ)
3개	みっつ (三つ)	8개	やっつ (八つ)
4개	よっつ (四つ)	9개	ここのつ (九つ)
5개	いつつ (五つ)	10개	とお (十) ★
몇 개		いくつ	

Plus 일본에서 쇼핑할 때 활용할 수 있는 짝꿍 표현!
① …と: ~와/~과/~랑 (나열을 나타내는 조사)
② …ください: ~주세요

예) りんごひとつと、みかんみっつください。 사과 하나랑 귤 세 개 주세요.

❷ 사물의 개수 세기 …個

사물의 개수를 세는 또 다른 조수사 표현인 「こ(個)」는 1개부터 10개까지도 셀 수 있고 그 이상의 더 많은 수까지 나타낼 수 있어요. 따라서 10개 이상인 경우에는 아래 표현을 써요.

1개	いっこ (一個)	7개	ななこ (七個)
2개	にこ (二個)	8개	はっこ (八個)
3개	さんこ (三個)	9개	きゅうこ (九個)
4개	よんこ (四個)	10개	じゅっこ (十個)
5개	ごこ (五個)	11개	じゅういっこ (十一個)
6개	ろっこ (六個)	몇 개	なんこ (何個)

처음 회화

몇 개 드릴까요?
いくつ差し上げましょうか。

타코야끼 10개 주세요.
たこ焼きをじゅっこください。

단어 差し上げる [사시아게루] 드리다 | たこ焼き [타코야키] 타코야끼

Quiz 다음 중 'ひとつ'의 뜻으로 알맞은 것을 골라 보세요.

한 개   몇 개

정답 한 개

33 사물의 개수 표현 **89**

"4개가 아니었어요."
사물의 개수 표현 활용

 개념체크 빈칸에 들어갈 말로 가장 자연스러운 것은 무엇인가요?

いしゃ＿＿＿＿＿＿＿＿＿＿。
의사가 아니었어요.

① じゃないでした   ② じゃなかったです   ③ じゅなかったでした

정답 ②(명사 과거 부정형의 정중 표현은 「…じゃなかったです」를 사용해요.)

❶ 오늘의 표현! "~가 아니었어요"

명사에 「じゃなかったです」를 붙이면 명사 과거 부정형의 정중 표현으로 '(명사)가 아니었어요/아니었습니다'라는 뜻이에요. 같은 표현으로 「…じゃありませんでした[쟈 아리마센데시타]」와 「…ではありませんでした[데와 아리마센데시타]」가 있는데, 「…じゃなかったです」가 가장 회화체에 가깝고 뒤로 갈수록 더 정중한 문어체에 가까워요.

❷ 한 눈에 구문 보기

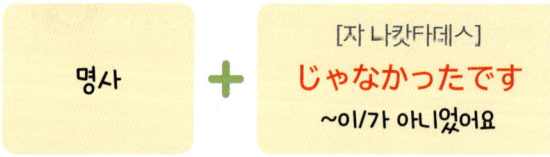

예문 スイッチはひとつ ＋ じゃなかったです
　　　스위치는 한 개　　　가 아니었어요

➡ スイッチはひとつじゃなかったです。
　스위치는 한 개가 아니었어요.

단어 スイッチ [스잇치] 스위치

❸ 상황별로 말해보기

기념품 개수를 착각했어!

초콜릿은 네 개가 아니었어요.

> 제시어 チョコレート [초코레-토] 초콜릿
>
> チョコレートはよっつじゃなかったです。

레시피랑 좀 다르네요?

달걀은 한 개가 아니었어요.

> 제시어 たまご [타마고] 달걀
>
> たまごはひとつじゃなかったです。

예약한 숙소는 괜찮았어요?

방은 두 개가 아니었어요.

> 제시어 へや [헤야] 방
>
> へやはふたつじゃなかったです。

처음 회화 !

왜 그래요?
どうしたんですか。

제 우산이 아니었어요.
私(わたし)の傘(かさ)じゃなかったです。

단어 傘(かさ) [카사] 우산

Quiz 다음 빈칸에 알맞은 말을 써 보세요.

❶ 私(わたし)のへや (　　　　　　　　)。
　 내 방이 아니었어요.

❷ (　　　　　　　　) じゃなかったです。
　 6개가 아니었어요.

정답 ❶ じゃなかったです / ではありませんでした ❷ むっつ / ろっこ

1명, 2명, 3명…
인원수와 나이 표현

 개념체크 다음 중 「人(사람 인)」 한자의 발음으로 옳지 않은 것은 무엇인가요?

① じん　　　② にん　　　③ いん

정답 ③ いん

❶ 인원수 세기

우선 사람의 수를 세는 조수사 표현을 배워볼 거예요. 한 명과 두 명만 각각의 고유 표현이 있고, 세 명부터는 뒤에 「人(にん)」만 붙이면 돼서 쉽게 암기할 수 있어요.

1명	ひとり (一人)	7명	しちにん / ななにん (七人)
2명	ふたり (二人)	8명	はちにん (八人)
3명	さんにん (三人)	9명	くにん / きゅうにん (九人)
4명	よにん (四人) ★	10명	じゅうにん (十人)
5명	ごにん (五人)	11명	じゅういちにん (十一人)
6명	ろくにん (六人)	몇 명	なんにん (何人)

Plus 4명에서 4는 「よ」로 읽는 점에 유의하세요.
7명은 「しちにん」와 「ななにん」 두 가지 모두 쓸 수 있어요.
9명은 「くにん」와 「きゅうにん」 두 가지 모두 쓸 수 있어요.

Plus 접객의 상황에서 인원수를 물을 때는 주로 「なんめいさまですか。(몇 분이세요?)」라고 하며, 일반적으로 인원수를 물을 때는 「なんにんですか。(몇 명이세요?)」라고 해요.

❷ 나이 읽기

다음으로 사람의 나이를 셀 때 쓰는 조수사 표현을 배워볼 거예요. '~세/살'을 나타낼 때는 「歳(さい)」와 「才(さい)」두 가지 표현 모두 쓰이기 때문에 함께 알아두세요!

1살	いっさい (一歳)	8살	はっさい (八歳)
2살	にさい (二歳)	9살	きゅうさい (九歳)
3살	さんさい (三歳)	10살	じゅっさい (十歳)
4살	よんさい (四歳)	11살	じゅういっさい (十一歳)
5살	ごさい (五歳)	12살	じゅうにさい (十二歳)
6살	ろくさい (六歳)	20살	はたち (二十歳) ★
7살	ななさい (七歳)	몇 살	いくつ

Plus 나이를 물을 때는 「おいくつですか。(몇 살이에요?)」라고 해요. 앞에 놓인 「お」라는 표현은 '미화'와 '존경(격식)'의 의미가 있는데 여기서는 '존경(격식)'을 나타내요.

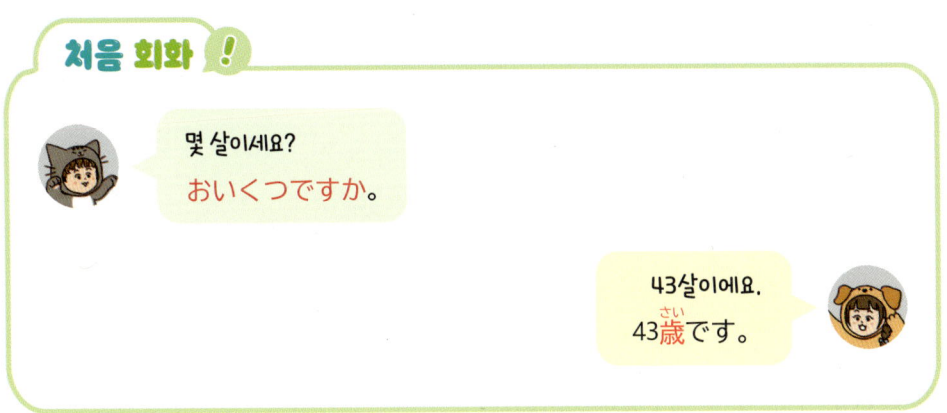

Quiz 다음 중 '2명'을 일본어로 알맞게 표기한 것을 골라 보세요.

ふたり   ひとり

정답: ふたり

 일본어랑 36일차

"그 그룹 멤버 4명 아니었어?"
인원수와 나이 표현 활용

 음원 듣기

 개념체크 다음 중 명사의 부정형 문법으로 옳지 않은 것은 무엇인가요?

① じゃなかった　　② じゃない　　③ じゃないだった

정답 ③ (「だった」는 과거 긍정 보통형으로 부정형이 아니에요.)

❶ 오늘의 표현! "~이 아니었어?/아니었던 거야?"

명사에 「じゃなかった？」를 붙이면 명사 과거 부정 의문형의 반말 표현으로 '(명사)가 아니었어?'라는 뜻이에요. 그리고 「명사+じゃなかった？」 끝에 「の」를 붙이면 '(명사)가 아니었던 거야?'라는 뜻을 나타내요. 참고로 앞서 배운 내용이지만, 반말로 나타내는 경우 의문형에는 물음표를 꼭 붙여야 하는 것을 기억하세요!

❷ 한 눈에 구문 보기

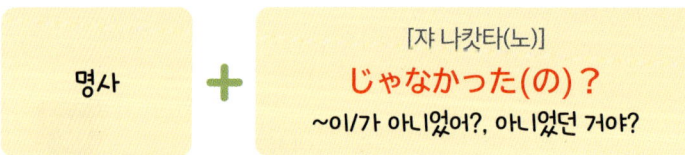

명사 ＋ じゃなかった(の)？ [쟈 나캇타(노)]
~이/가 아니었어?, 아니었던 거야?

예문 むすこふたり ＋ じゃなかった(の)？
　　　　아들 두 명　　이 아니었어(아니었던 거야)?

→ むすこふたり じゃなかった(の)？
　　아들 두 명이 아니었어(아니었던 거야)?

단어 むすこ [무스코] 아들

❸ 상황별로 말해보기

나도 이제 늙었나봐!

그 그룹 멤버 4명 아니었어?

제시어   グループ [구루-푸] 그룹 | メンバー [멤바-] 멤버

> あのグループのメンバー4人じゃなかった(の)？

유학생 인원수를 잘못 셌나?

유학생은 5명 아니었어?

제시어   りゅうがくせい [류-각세-] 유학생

> りゅうがくせいは5人じゃなかった(の)？

역대급 동안이잖아?

미유키 씨는 20살 아니었어?

제시어   20歳 [하타치] 스무살

> みゆきさんは20歳じゃなかった(の)？

처음 회화!

 선생님은 40살 아니었어?
先生は40歳じゃなかった(の)？

에? 60살이셔!
え？60歳だよ！

단어 え [에] 에?, 네?(놀라거나 의아해서 묻는 소리)

Quiz 다음 빈칸에 공통으로 들어갈 말을 써 보세요.

❶ ここじゃなかった(　　　)？
여기가 아니었던 거야?

❷ 卒業生は20人じゃなかった(　　　)？
졸업생은 20명이 아니었던 거야?

(の) 답정

백 엔, 천 엔, 만 엔!?
숫자(십~만 단위) 표현

 개념체크 일본의 화폐 단위를 가리키는 것으로 옳은 것은 무엇인가요?

① £   ② $ ③ 円

정답 ③ (일본의 화폐 단위는 「円(えん)엔」이에요.)

❶ 큰 단위 수 세기

오늘은 10 이상의 수부터 십 만까지의 수를 세는 방법을 알아볼 거예요. 다른 색으로 표시된 발음에 유의하며 암기해 보세요.

	十(じゅう) 십		百(ひゃく) 백		千(せん) 천		万(まん) 만
11	じゅういち	100	ひゃく	1,000	せん	10,000	いちまん★
12	じゅうに	200	にひゃく	2,000	にせん	20,000	にまん
13	じゅうさん	300	さんびゃく	3,000	さんぜん	30,000	さんまん
14	じゅうよん	400	よんひゃく	4,000	よんせん	40,000	よんまん
15	じゅうご	500	ごひゃく	5,000	ごせん	50,000	ごまん
16	じゅうろく	600	ろっぴゃく	6,000	ろくせん	60,000	ろくまん
17	じゅうなな	700	ななひゃく	7,000	ななせん	70,000	ななまん
18	じゅうはち	800	はっぴゃく	8,000	はっせん	80,000	はちまん
19	じゅうきゅう	900	きゅうひゃく	9,000	きゅうせん	90,000	きゅうまん
20	にじゅう					100,000	じゅうまん

Plus 「만(10,000)」을 나타내는 경우에는 십, 백, 천과 달리 1을 생략하지 않고 「いちまん」이라고 읽어요. 또한, 300은 [삼뱌끄], 600은 [롭빠끄], 800은 [합빠끄]에 가깝게 발음해요.

❷ 다양한 조수사

(차나 기계처럼) 큰 것을 세는 단위, (종이나 티켓처럼) 얇고 평평한 것을 세는 단위, 건물의 층수를 세는 단위까지 단위를 나타내는 다양한 조수사를 알아봐요.

	…台(だい) ~대		…枚(まい) ~장		…階(かい) ~층
1대	いちだい	1장	いちまい	1층	いっかい
2대	にだい	2장	にまい	2층	にかい
3대	さんだい	3장	さんまい	3층	さんがい★
4대	よんだい	4장	よんまい	4층	よんかい
5대	ごだい	5장	ごまい	5층	ごかい
6대	ろくだい	6장	ろくまい	6층	ろっかい
7대	ななだい	7장	ななまい	7층	ななかい
8대	はちだい	8장	はちまい	8층	はっかい
9대	きゅうだい	9장	きゅうまい	9층	きゅうかい
10대	じゅうだい	10장	じゅうまい	10층	じゅっかい

Plus 「何階(なんがい)」는 '몇 층'을 나타내며, 3층(さんがい)과 함께 발음에 유의해야 해요.

처음 회화

이거 (전부 해서/세트로 해서) 얼마입니까?
これ(ぜんぶで/セットで)いくらですか。

3만 엔입니다.
さんまん円です。

단어 ぜんぶ [젬부] 전부 | セット [셋토] 세트

Quiz 다음 중 '300'을 일본어로 알맞게 표기한 것을 골라 보세요.

[さんひゃく]   [さんびゃく]

정답 さんびゃく

 일본어랑 38일차

"티켓 천 엔 아니었어요?"
숫자(십~만 단위) 표현 활용

 개념체크 다음 중 공통으로 들어가는 철자는 무엇인가요?

① 1,000せ(　)   ② 10,000ま(　)   ③ 3さ(　)

정답 ん

❶ 오늘의 표현! "~이 아니었어요?"

명사에 「じゃなかったですか」를 붙이면 명사 과거 부정 의문형의 정중 표현으로 '(명사)가 아니었어요?/아니었습니까?'라는 뜻이에요. 「じゃなかったですか」와 같은 표현으로 「…じゃありませんでしたか [쟈 아리마센데시타카]」와 「…ではありませんでしたか [데와 아리마센데시타카]」가 있는데, 「…じゃなかったですか」가 가장 회화체에 가깝고 뒤로 갈수록 더 정중한 문어체에 가까워요.

❷ 한 눈에 구문 보기

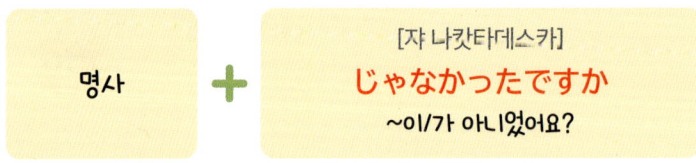

예문 じてんしゃはいちだい ＋ じゃなかったですか
자전거 한 대　　　　　　　가 아니었어요?

→ じてんしゃはいちだいじゃなかったですか。
자전거는 한 대가 아니었어요?

단어 じてんしゃ [지텐샤] 자전거

❸ 상황별로 말해보기

제가 잘못 알았나요?

티켓은 천 엔 아니었어요?

> 제시어 チケット [치켓토] 티켓
>
> チケットは1,000円じゃなかったですか。

벌써 가격이 올랐다고요?

이 노트북 11만 엔 아니었어요?

> 제시어 パソコン [파소콩] 노트북
>
> このパソコン、１１万円じゃなかったですか。

오랜만에 학교 방문!

교실은 6층 아니었어요?

> 제시어 きょうしつ [쿄-시츠] 교실
>
> きょうしつは6階じゃなかったですか。

처음 회화 !

아랑 씨, 지금 어디세요?
アランさん、いまどこですか。

OO영화관, 10층 아니었어요?
OO映画館、10階じゃなかったですか。

단어 いま [이마] 지금 | 映画館 [에-가캉] 영화관

Quiz 다음 빈칸에 들어갈 말이 옳게 짝지어진 것을 고르세요.

( )バッグは( )円( )。 이 가방은 만 엔 아니었나요?

❶ この - いちまん - じゃなかったですか
❷ その - まん - じゃありませんでしたか

❶ 답은

종합 연습문제

1 다음 질문에 알맞은 답을 골라보세요.

1 오늘은 수요일입니다. 그렇다면, 어제(a)와 내일(b)은 무슨 요일일까요?
  ① a. げつようび   b. にちようび
  ② a. もくようび   b. どようび
  ③ a. かようび   b. もくようび

4 다음 중 잘못 연결된 것은?
  ① よっつ - 8개
  ② よにん - 4명
  ③ いくつ - 몇 개

2 '4월 3일'을 올바르게 표기한 것은?
  ① よんがつ　むいか
  ② しがつ　みっか
  ③ しがつ　よっか

5 대화의 흐름이 어색한 것은?
  ① A: 昨日(きのう)、たんじょうびだった？
     B: うん、たんじょうびだった。
  ② A: お客(きゃく)さん、ななにんじゃなかった？
     B: ななにんじゃなかったよ。なのかだった。
  ③ A: 先月(せんげつ)からなつやすみでしたか。
     B: はい、先月(せんげつ)からでした。

3 다음 중 숫자를 잘못 표기한 것은?
  ① 49 - よんじゅうきゅう
  ② 370 - さんぴゃくしちじゅう
  ③ 8,600 - はっせんろっぴゃく

6 다음의 문장 중 어색한 것은?
  ① へやは3かいだった。
  ② ジュースは4こじゃなかった。
  ③ かなちゃんは18さいじゃなかったですか。

2 제시된 문장에 맞게 빈칸을 채워 보세요.

1 오늘 일요일이었어?

→ 今日、_____?

2 학교 시험은 언제였어요?

→ 学校のテストは _____。

3 몇 살이세요?

→ _____。

4 도현 군 생일, 5월 9일 아니었어?

→ ドヒョン君の誕生日、ごがつ _____?

5 우동 2개랑 소바 1개 주세요.

→ うどん _____ そば _____。

6 전부해서 1,300엔 아니었어요?

→ 全部で _____。

처음 Talk talk!

MP3를 들으며 일본어 기초 회화 표현을 말해 보세요.

키노-와 낭요-비 닷타
昨日は何曜日だった？
어제는 무슨 요일이었어?

니혼노 뉴-가쿠시키모 상가츠 데시타카
日本のにゅうがくしきも3月でしたか。
일본의 입학식도 3월이었어요?

우케츠케와 쥬-욕카 쟈 나캇타
うけつけは14日じゃなかった。
접수는 14일이 아니었어.

헤야와 후타츠 쟈 나캇타
へやはふたつじゃなかった。
방은 두 개가 아니었어.

아노 구루-푸노 멤바- 요닌 쟈 나캇타(노)
あのグループのメンバー4人じゃなかった(の)？
그 그룹 멤버 4명 아니었어?

쿄-시츠와 록카이 쟈 나캇타데스카
きょうしつは6階じゃなかったですか。
교실은 6층 아니었어요?

EPISODE

일본어 형용사와 친해지기① 'な형용사'

일본어는 형용사가 두 개?!
형용사 개념

개념체크 다음 중 형용사는 몇 개일까요?

| する 하다 | じゃあ 그럼 | 家族(かぞく) 가족 | きれいだ 예쁘다 |

정답 1개 (きれいだ 예쁘다)

 음원 듣기

❶ 형용사 개념 잡기

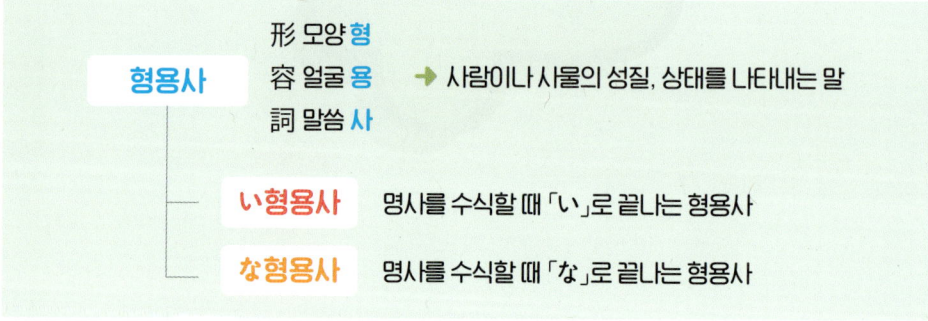

형용사 ─ 形 모양 **형**
　　　　 容 얼굴 **용**　→ 사람이나 사물의 성질, 상태를 나타내는 말
　　　　 詞 말씀 **사**

├ **い형용사**　명사를 수식할 때 「い」로 끝나는 형용사
└ **な형용사**　명사를 수식할 때 「な」로 끝나는 형용사

'형용사'는 사람이나 사물의 성질과 상태를 나타내는 품사로, 문장의 의미를 더욱 풍부하게 만드는 역할을 해요.

이처럼 형용사는 문장 속에서 '강아지는 귀엽다'처럼 서술형으로 쓰이기도 하고, '귀여운 강아지'처럼 명사를 수식하는 역할을 하기도 해요.

❷ 형용사의 종류

일본어에서 형용사는 크게 い형용사와 な형용사 두 가지로 구분해요. 두 가지 형용사는 각각의 형태와 활용에 따라 나눌 수 있는데, 명사를 수식할 때 「い」로 끝나는 형용사는 い형용사, 「な」로 끝나는 형용사는 な형용사예요.

い형용사 예
おいし**い** ラーメン
맛있는 라멘

かわい**い** ねこ
귀여운 고양이

おもしろ**い** アニメ
재미있는 애니메이션

な형용사 예
ゆうめい**な** かしゅ
유명한 가수

しんせつ**な** ひと
친절한 사람

しずか**な** こうえん
조용한 공원

처음 회화 !

 기가 막힌 날씨다!
すばらし**い** 天気(てんき)だ！

응, 기분 좋아!
うん、気持(きも)ち**いい**！

단어 すばらしい [스바라시-] 멋지다, 근사하다 ｜ 天気(てんき) [텡키] 날씨

Quiz 다음 중 'い형용사'가 쓰인 것을 골라 보세요.

　　ゆうめいな かしゅ　　　おいしい ラーメン

정답 おいしい ラーメン

な형용사와 친해지기 프로젝트!
な형용사 개념

 개념체크 다음 중 형태가 다른 하나는 무엇인가요?

① ゆうめいだ　　　② がくせいだ　　　③ あんぜんだ

정답 ② がくせいだ 학생이다=명사 현재 긍정 기본형
(① ゆうめいだ 유명하다=な형용사 기본형, ③ あんぜんだ 안전하다=な형용사 기본형)

❶ な형용사 개념 잡기

형용사는 문장의 맛을 살려줄 수 있는 품사예요. 일본어의 두 가지 형용사 중 오늘은 な형용사의 개념을 먼저 학습해 봐요.

な형용사 기본형	명사 수식형
유명하다 ゆうめい**だ**	유명한 ゆうめい**な**

'유명하다', '친절하다', '편리하다'처럼 형용사 기본형일 때는 '~하다'라고 해석해요. 동사도 '~하다'라고 해석해서 헷갈릴 수도 있지만 동사는 동작을 나타내고 형용사는 상태나 성질을 나타내는 어휘이기 때문에 의미로 구별할 수 있어요.

위와 같이 기본형에서 「だ」로 끝나는 형용사가 명사를 수식할 때 「だ」가 삭제되고 「な」로 바뀌어 형용사가 「な」로 끝나게 돼요. 따라서 'な형용사'라는 이름이 붙여지게 된 거예요.

❷ な형용사 기본형과 명사술어문 구분

な형용사의 기본형이 「だ」로 끝나기 때문에 '(명사)이다'라는 뜻의 '명사+「だ」'와 헷갈릴 수 있지만 '명사+「だ」'는 '~하다'가 아닌 '~이다'로 해석되기 때문에 쉽게 구별할 수 있어요.

な형용사 기본형	ゆうめいだ	しんせつだ	べんりだ
(な형용사)하다	유명하다	친절하다	편리하다

≠

명사+「だ」	ほんだ	せんせいだ	がくせいだ
(명사)이다	책이다	선생님이다	학생이다

Plus な형용사는 「有名だ(유명하다)」, 「親切だ(친절하다)」, 「便利だ(편리하다)」, 「安全だ(안전하다)」처럼 한자어 뒤에 「だ」가 붙은 형태가 많아요.

처음 회화 !

다나카 씨는 배우야.
たなかさんははいゆうだよ。

응, 한국에서도 유명해.
うん、韓国でもゆうめいだよ。

단어 はいゆう [하이유-] 배우

Quiz 다음 중 'な형용사'를 골라 보세요.

しんせつだ   ほんだ

정답 しんせつだ(친절하다)

"여기 유명한 가게예요."
な형용사 명사 수식형

개념체크 빈칸에 들어갈 말로 가장 자연스러운 것은 무엇인가요?

あんぜん_____くるま
안전한 차

① だ　　　　② で　　　　③ な

정답 ③ (な형용사 수식형인「な」를 써야 해요.)

❶ 오늘의 표현! "~한 ~"

오늘은 な형용사의 명사 수식에 대해 알아봐요. な형용사가 명사를 수식하는 경우 な형용사의「だ」가 삭제되고「な」로 바뀌어 '(な형용사)한 (명사)'라는 뜻을 나타내요. 명사를 수식하여 더 풍성한 문장을 만들기 위해서는 이 용법을 잘 알아 두어야 해요.

❷ 한 눈에 구문 보기

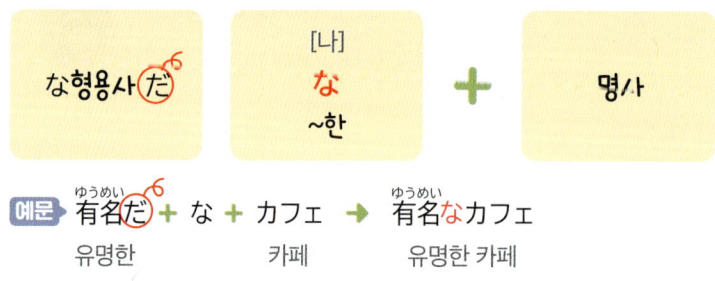

예문　有名だ + な + カフェ → 有名なカフェ
　　　유명한　　　　카페　　　유명한 카페

Plus 예외적으로「おなじだ (같다)」라는 단어는 명사를 수식할 때「だ」를 탈락시킨 후「な」를 붙이지 않아요.
　예) おなじだ(같다) + かばん(가방) → おなじかばん(같은 가방)

단어 カフェ [카훼] 카페

❸ 상황별로 말해보기

맛집 소개시켜줄게!

여기는 유명한 가게예요. > 제시어 有名だ [유-메-다] 유명하다

ここは有名なお店です。

감탄만 나오는 데이트 장소

예쁜 공원이네요. > 제시어 きれいだ [키레-다] 예쁘다, 깨끗하다 | 公園 [코-엔] 공원

きれいな公園ですね。

음식 취향을 알아야지

좋아하는 요리는 야키소바예요. > 제시어 好きだ [스키다] 좋아하다 | やきそば [야키소바] 야키소바

好きな料理はやきそばです。

> **Plus** 종조사 「ね」는 문말에 붙여 감동, 감탄, 또는 재확인의 의미를 나타내요. 억양을 내려 말하면 감탄, 억양을 올려 말하면 재확인의 의미로 쓰여요.

처음 회화 !

싫어하는 요리는 뭐예요?
嫌いな料理は何ですか。

싫어하는 요리는 낫토예요.
嫌いな料理はなっとうです。

단어 嫌いだ [키라이다] 싫어하다 | なっとう [낫토-] 낫토(콩을 발효해 만든 음식)

Quiz 다음 문장에서 잘못된 부분을 고쳐 쓰고 이유를 적어 보세요.

そこはきれいだ学校です。 그곳은 예쁜 학교예요.
_____ (이유:)

정답 そこはきれいな学校です。(명사 수식형일 때 어미「だ」가「な」로 바뀌기 때문)

41 な형용사 명사 수식형

"키무라 씨는 매우 성실해요."
な형용사 현재 긍정형(정중)

개념체크 다음 한국어 문장을 일본어로 쓰고 말해 보세요.

여기는 안전해요.

→ _____ 。

정답 ここはあんぜんです。

❶ 오늘의 표현! "~해요"

우선 な형용사 기본형에서 「だ」를 탈락시킨 것을 'な형용사 어간'이라고 해요. 예를 들어 「有名だ」라는 な형용사에서 어간은 「有名」인 거예요. な형용사의 어간+「です」라고 표현하면 '(な형용사)해요/합니다'라는 뜻의 な형용사 정중 표현을 만들 수 있어요.

❷ 한 눈에 구문 보기

Plus '잘하다'라는 뜻의 「上手だ」와 「得意だ」의 차이

上手だ 잘하다	得意だ 잘하다
- (운동, 요리, 노래 등) 기술, 수완, 솜씨를 뜻하며 공부는 해당하지 않아요. - 객관적 평가나 칭찬에 써요. - 타인에게 사용하며, 나 자신이나 가족에 대해서는 잘 사용하지 않아요.	- 그 일을 좋아하고 자신이 있음을 나타내요. - 주관적 판단이나 평가에 써요. - 타인에게 사용하며, 나 자신이나 가족에 대해서도 사용할 수 있어요.

❸ 상황별로 말해보기

키무라 씨는 어떤 사람이에요?   **제시어** とても [토테모] 매우, 아주 | 真面目だ [마지메다] 성실하다

키무라 씨는 매우 성실해요. ▷ 木村さんはとても真面目です。

키무라 씨는 뭘 잘해요?   **제시어** 英語 [에-고] 영어 | 上手だ [죠-즈다] 잘하다

그는 영어를 잘해요. ▷ 彼は英語が上手です。

또 뭘 잘하나요?   **제시어** 中国語 [츄-고쿠고] 중국어

그는 중국어도 잘해요. ▷ 彼は中国語も上手です。

Plus 「…が好きだ(~을/를 좋아하다)」처럼 다음의 な형용사는 '~을/를'을 나타낼 때 조사 「を」 대신 「が」를 사용해야만 하니 꼭 외워두세요.

예) 嫌いだ(싫어하다)、上手だ(잘하다)↔下手だ(못하다, 서투르다)、得意だ(잘하다)↔苦手だ(못하다, 서투르다)

처음 회화!

 못하는 운동은 뭐예요?
苦手な運動は何ですか。

없어요. 모든 운동을 다 잘해요.
ありません。すべての運動が得意です。

단어 運動 [운도-] 운동 | すべて [스베테] 모두, 전부

Quiz 다음 문장을 한국어로 해석해 보세요.

彼氏はチョコレートが嫌いです。

→ _____

정답: 남자 친구는 초콜릿을 싫어해요.

"이 컴퓨터 편리하지 않아."
な형용사 현재 부정형(반말)

 음원 듣기

 개념체크 다음 빈칸에 공통으로 들어갈 철자는 무엇인가요?

せんせ(　)　　　おいし(　)　　　本じゃな(　)

정답 い(せんせい 선생님 / おいしい 맛있다 / 本じゃない 책이 아니다)

❶ 오늘의 표현! "~하지 않아"

'な형용사 어간'에 「じゃない」를 붙이면 な형용사 현재 부정형의 반말 표현으로 '(な형용사)하지 않아/않다'라는 뜻이에요. 20일차에서 '(명사)가 아니야/아니다'라는 뜻의 명사 부정 반말 표현과 동일하게 「…じゃない」를 붙이면 돼요.

❷ 한 눈에 구문 보기

예문
真面目だ + じゃない → 真面目じゃない。
성실하다　　~하지 않아　　성실하지 않아.

特別だ + じゃない → 特別じゃない。
특별하다　　~하지 않아　　특별하지 않아.

단어 ▶ 真面目だ [마지메다] 성실하다 | 特別だ [토쿠베츠다] 특별하다

❸ 상황별로 말해보기

우리 노래방 갈래?

나는 노래를 잘하지 못해.

제시어 歌 [우타] 노래

> 私は歌が得意じゃない。

내일 시험 쉽겠지?

내일 테스트는 간단하지 않아.

제시어 簡単だ [칸탄다] 간단하다

> 明日のテストは簡単じゃない。

그 컴퓨터 써보니까 어때?

이 컴퓨터 그다지 편리하지 않아.

제시어 あまり [아마리] 그다지 | 便利だ [벤리다] 편리하다

> このパソコン、あまり便利じゃない。

처음 회화 !

저 식당 어땠어?
あの食堂、どうだった？

그다지 친절하지 않아.
あまり親切じゃない。

단어 食堂 [쇼쿠도-] 식당

Quiz 다음 빈칸에 알맞은 말을 써 보세요.

❶ 英語が (　　　　　) 上手 (　　　　　)。
영어를 그다지 잘하지 못해.

❷ このレシピはあまり(　　　　　)。
이 레시피는 그다지 특별하지 않아.

정답 ❶ あまり / じゃない ❷ 特別じゃない

"점원이 별로 친절하지 않네요."
な형용사 현재 부정형(정중)

 개념체크 다음 일본어 문장의 뜻으로 옳은 것은 무엇인가요?

あまりかんたんじゃありません。

① 제법 간단했어요.   ② 매우 간단해요.   ③ 별로 간단하지 않아요.

정답 ③

❶ 오늘의 표현! "~하지 않아요"

'な형용사 어간'에 「じゃないです」를 붙이면 な형용사 현재 부정형의 정중한 표현으로 '(な형용사)하지 않아요/않습니다'라는 뜻이에요. 명사 파트에서 학습했던 「…じゃありません[쟈 아리마셍]」과 「…ではありません[데와 아리마셍]」 또한 な형용사와 결합해서도 동일하게 활용되므로 함께 기억해 두세요.

❷ 한 눈에 구문 보기

な형용사 だ ⃝ + [쟈 나이데스] じゃないです ~하지 않아요

예문 新鮮だ ⃝ + じゃないです → 新鮮じゃないです。
    신선하다   ~지 않아요   신선하지 않아요.

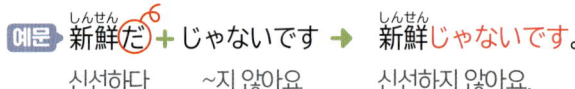

단어 新鮮だ [신센다] 신선하다

❸ 상황별로 말해보기

그 침대는 어때요?	제시어 ベッド [벳도] 침대 ｜ 楽だ [라쿠다] 편하다, 쉽다
이 침대는 별로 편하지 않아요.	▶ このベッドはあまり楽じゃないです。

다른 건 다 좋은데…	제시어 店員 [텡잉] 점원 ｜ 親切だ [신세츠다] 친절하다
점원이 별로 친절하지 않네요.	▶ 店員があまり親切じゃないですね。

시코쿠는 어때요?	제시어 より [요리] ~보다 ｜ 賑やかだ [니기야카다] 번화하다
시코쿠는 오사카보다 번화하지 않네요.	▶ 四国は大阪より賑やかじゃないですね。

> **Plus** '침대'를 뜻하는「ベッド [벳도]」는 '애완동물'을 뜻하는 「ペット [펫토]」와 발음이 유사하니 주의하여 발음하세요.

처음 회화 !

신입사원이 별로 성실하지 않네요.
新入社員があまり真面目じゃないですね。

그렇네요.
そうですね。

> **Plus** 「そうですね[소-데스네]」는 '그렇네요'라는 뜻으로 상대방의 말에 동조하는 표현이에요.
>
> **단어** 新入社員 [신뉴샤잉] 신입사원

Quiz 다음 문장을 한국어로 해석해 보세요.

このケータイはあまり便利ではないですね。
➡ _____

정답 이 휴대 전화는 그다지 편리하지 않아요.

"내일 한가해?"
な형용사 현재 의문형(반말)

> **개념체크** 빈칸에 들어갈 말로 가장 자연스러운 것은 무엇인가요?
>
> このアプリは_____?
>
> ① まじめ　　② べんり　　③ げんき
>
> 정답 ②(주어인 '이 어플'과 관련해서는 '편리해'라는 뜻의 「べんり」가 적절해요.
> 1번은 '성실해', 3번은 '건강해'라는 의미라서 주어와 어울리지 않아요.)

❶ 오늘의 표현! "~해?"

오늘은 な형용사 현재 의문형의 반말 표현에 대해 알아봐요. 이 표현은 다른 표현에 비해 매우 간단해요. 'な형용사 어간'에 물음표만 붙여 '(な형용사)해?'라는 표현을 나타낼 수 있어요. 말할 때는 끝 음을 올려 발음하면 돼요.

❷ 한 눈에 구문 보기

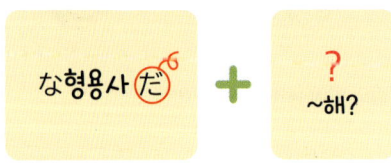

예문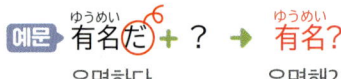

유명하다　　유명해?

Plus ゆうめい　끝 음을 올릴 때도 멜로디가 있어요! 끝 글자 앞에서 음을 아주 살짝 내리는 듯하다가 올려주면 더 자연스러워요.

단어 アプリ [아푸리] 앱, 어플('アプリケーション'의 준말)

❸ 상황별로 말해보기

잘 지내죠?

타로 군, 잘 지내(건강해)?

> 제시어 元気だ [겡키다] 건강하다, 기운차다
>
> たろう君、元気？

음식 취향이 알고 싶어!

스키야키, 좋아해?

> 제시어 すきやき [스키야키] 스키야키(일본식 전골 요리)
>
> すきやき、好き？

스케줄 체크!

내일, 한가해?

> 제시어 暇だ [히마다] 한가하다
>
> 明日、暇？

> **Plus** 위 질문에 긍정형으로 대답할 경우, 「うん。元気! / 好き! / 暇!」라고 답하면 돼요.

처음 회화!

스즈키, 주말에 한가해?
すずき、週末、暇？

응, 한가해! 뭔데?
うん、暇(だよ)! 何？

> **Plus** 「何？」는 '무엇'이라는 의미 외에도 기본형 의문형으로 쓰일 때는 '뭐야?', '뭔데?'라는 의미를 가져요. 또한, な형용사 뒤에도 종조사 「…よ」를 붙여 말할 수 있어요.

Quiz 다음 문장을 일본어로 써 보세요.

그 가게 유명해?

→ _____

정답 その店(みせ)、有名(ゆうめい)？

"골프를 좋아하세요?"
な형용사 현재 의문형(정중)

개념체크 빈칸에 들어갈 말로 가장 자연스러운 것은 무엇인가요?

Ⓐ テストはかんたん_____。

Ⓑ はい、かんたんです。

① でしたか　　　② だか　　　③ ですか

정답 ③(B가 「…です」라고 대답했으므로 질문도 '~해요?/합니까?'라는 뜻의 「…ですか」가 적합해요.)

❶ 오늘의 표현! "~해요?"

'な형용사 어간'에 「ですか」를 붙이면 な형용사 현재 의문형의 정중한 표현으로 '(な형용사)해요?/합니까?'라는 뜻이에요. 명사의 경우에도 똑같이 '명사+「ですか」'라고 해서 '(명사)예요?/입니까?'라고 표현하는 것을 배웠죠. 이와 동일한 표현이니 형용사가 놓이는 자리만 다양한 형용사로 교체해 보며 익혀 봐요.

❷ 한 눈에 구문 보기

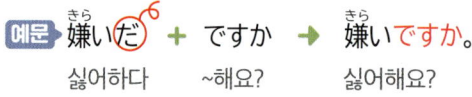

단어 嫌いだ [키라이다] 싫어하다

❸ 상황별로 말해보기

저는 골프가 취미인데요.
골프를 좋아하세요?
> 제시어 ゴルフ [고루후] 골프
> ゴルフが好きですか。

당신의 요리 솜씨는?
요리를 잘하나요?
> 제시어 料理 [료-리] 요리
> 料理が上手ですか。

데이트 신청
토요일 오후(시간)는 괜찮아요?
> 제시어 午後 [고고] 오후
> 土曜日の午後は大丈夫ですか。

처음 회화 !

토모나 씨, 운전을 잘 하나요?
ともなさん、運転が上手ですか。

아니요, 아직 서툴러요(아직 멀었어요).
いいえ、まだまだです。

Plus 「まだまだです」는 '아직 멀었어요'라는 의미로, 칭찬에 대해 겸손하게 대답하는 상황에서 사용할 수 있어요.

단어 運転 [운텡] 운전

Quiz 다음 빈칸에 공통으로 들어갈 일본어를 써 보세요.

❶ やまださんはだいがくせい(　　　　　)。
야마다 씨는 대학생입니까?

❷ たこやきが好き(　　　　　)。
타코야키를 좋아하나요?

"이 정장 불편하지 않아?"
な형용사 현재 부정 의문형(반말)

개념체크 다음 문장의 해석으로 옳은 것을 골라 보세요.

だいじょうぶじゃない。

① 괜찮지 않아?   ② 괜찮지 않다.   ③ 괜찮지 않을까?

정답 ②

❶ 오늘의 표현! "~하지 않아?"

'な형용사 어간'에 「じゃない?」를 붙이면 な형용사 현재 부정 의문형의 반말 표현으로 '(な형용사)하지 않아?'라는 뜻이에요. 이 표현은 일반적인 부정문의 성격을 가지기도 하고, 부정 의미를 의문형으로 써서 상대방의 동조를 구하는 강한 긍정의 역할을 하기도 해요.

❷ 한 눈에 구문 보기

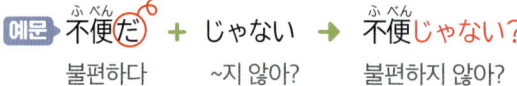

Plus 「…じゃない」는 일반적인 부정문으로 쓰일 땐 끝 음을 살짝 내리고, 상대방의 동조를 구할 때는 끝 음을 살짝 올려 발음하여 조금의 차이가 있어요.

단어 不便だ [후벤다] 불편하다

❸ 상황별로 말해보기

정장을 입은 친구에게
정장, 좀 불편하지 않아?

제시어 スーツ [스-츠] 정장, 양복, 슈트

> スーツ、ちょっと不便(ふべん)じゃない？

내가 다 준비했어!
이 레스토랑, 근사하지 않아?

제시어 レストラン [레스토랑] 레스토랑

> このレストラン、素敵(すてき)じゃない？

세상에, 저 사람 좀 봐!
저 사람, 핸섬하지 않아?
(저 사람, 잘생겼지 않아?)

제시어 ハンサムだ [한사무다] 핸섬하다, 잘생기다

> あの人(ひと)、ハンサムじゃない？

Plus 「ハンサムだ」처럼 영어 표현이 일본어화 되어 형용사로 쓰일 때는 な형용사에 속하게 돼요.
예 パーフェクトだ(퍼펙트하다)

처음 회화

 저 사람, 엄청 예쁘지 않아?
あの人(ひと)、とてもきれいじゃない？

헉, 정말이네!
え、本当(ほんとう)だ！

단어 とても [토테모] 엄청, 매우, 대단히(감정·정도를 강조) | 本当(ほんとう) [혼토-] 정말, 진짜

Quiz 다음 문장을 일본어로 써 보세요.

낫토 싫어하지 않아? ➡ _____

정답 納豆、きらいじゃない？

"저 료칸 깨끗하지 않아요?"
な형용사 현재 부정 의문형(정중)

개념체크 다음 문장을 의문형으로 바꾸어 쓰고 말해 보세요.

すてきじゃありません。 ➡ _____。
근사하지 않아요.   근사하지 않아요?

정답 すてきじゃありませんか

❶ 오늘의 표현! "~하지 않아요?"

'な형용사 어간'에 「じゃないですか」를 붙이면 な형용사 현재 부정 의문형의 정중한 표현으로 '(な형용사)하지 않아요?/않습니까?'라는 뜻이에요. 같은 표현으로 「…じゃありませんか[쟈 아리마셍카]」와 「…ではありませんか[데와 아리마셍카]」도 있는데, 「…じゃないですか」가 가장 회화체에 가깝고 뒤로 갈수록 더 정중하고, 공손한 문어체에 가까워요.

❷ 한 눈에 구문 보기

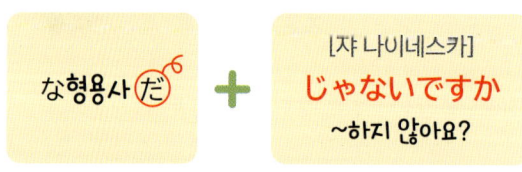

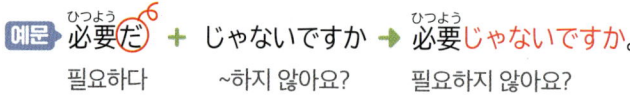

단어 必要だ [히츠요-다] 필요하다

③ 상황별로 말해보기

저 료칸, 별로예요.

저 료칸은 깨끗하지 않아요?

> あの旅館はきれいじゃないですか。

제시어 旅館 [료캉] 료칸(일본 전통 숙박 시설)

이직한 동료에게

일은 힘들지 않아요?

> しごとは大変じゃないですか。

제시어 しごと [시고토] 일, 업무 | 大変だ [타이헨다] 힘들다

이 의자는 어때요?

저 의자보다 편하지 않나요?

> あのいすより楽じゃないですか。

제시어 いす [이스] 의자

Plus '왜'라는 뜻을 나타내는 표현으로는 다음 세 가지가 있어요.
① どうして(일반적, 공손한 말투) ② なぜ(가장 딱딱한 문어체) ③ なんで(편한 사이에서 사용)

처음 회화 !

저 모델, 유명하지 않아요?
あのモデル、有名じゃないですか。

에? 누구예요?
え、誰ですか。

단어 モデル [모데루] 모델

Quiz 다음 빈칸에 알맞은 말을 써 보세요.

❶ このスーツ、(　　　　　　　　)。
　이 정장, 근사하지 않아요?

❷ ゴルフ(　　　　　　　　)。
　골프를 좋아하지 않아요?

정답 ❶ 素敵じゃないですか ❷ が好きじゃないですか

48 な형용사 현재 부정 의문형(정중)　123

"저 레스토랑은 예쁘고 근사해요."
な형용사 연결형

개념체크 빈칸에 들어갈 말로 가장 자연스러운 것은 무엇인가요?

きれい_____、すてきですね。
에쁘고 근사하네요.

① は   ② に   ③ で

정답 ③(な형용사의 연결형인 「…で」가 적합해요.)

❶ 오늘의 표현! "~하고/~해서"

오늘은 な형용사의 연결형에 대해 학습해 봐요. 연결형은 'な형용사 어간'에 「…で」를 붙여 나타내는데 '~하고'와 '~해서' 이 두 가지 뜻으로 해석할 수 있어요. 우선 첫 번째 의미인 '~하고'는 나열을 나타내며, 두 번째 의미인 '~해서'는 연결되는 내용에 대한 이유를 나타내요.

❷ 한 눈에 구문 보기

예문 日本の地下鉄はきれいで、便利です。
일본의 지하철은 깨끗하고 편리해요. [나열]

日本の地下鉄はきれいで、好きです。
일본의 지하철은 깨끗해서 좋아해요. [이유]

Plus 문장이 긴 경우에는 「で」 뒤에 쉼표(、)를 넣어서 앞 문장과 뒷 문장의 내용을 구분해요.

단어 地下鉄 [치카테츠] 지하철

❸ 상황별로 말해보기

저 미술관 가 봤어요?

네. 저 미술관은 예쁘고 근사해요.

> 제시어 美術館 [비쥬츠캉] 미술관

はい。あの美術館はきれいで、素敵です。

카나 씨, 아주 친절하네요!

카나 씨는 친절하고 요리를 잘해요.

> 제시어 親切だ [신세츠다] 친절하다

かなさんは親切で、料理が上手です。

구두 신은 걸 본 적이 없네요.

구두는 불편해서 싫어해요.

> 제시어 靴 [쿠츠] 구두, 신발

靴は不便で、嫌いです。

처음 회화 !

영화는 어땠어요?
映画はどうでしたか。

로맨틱하고, 감동적이에요.
ロマンチックで、感動的です。

단어 ロマンチックだ [로만칙쿠다] 로맨틱하다 | 感動的だ [칸도-테키다] 감동적이다

Quiz 「で」를 활용하여 다음 두 개의 문장을 연결해 보세요.

문장1. 그는 성실해요.

문장2. 그는 친절해요.

➔ _____

정답 彼はまじめで、親切です。

49 な형용사 연결형

"신칸센은 깨끗하고 편리했어."
な형용사 과거 긍정형(반말)

 음원 듣기

개념체크 다음 문장의 해석으로 옳은 것은 무엇인가요?

みんな、しんせつだった。

① 모두, 친절했다.   ② 모두, 친절하다.   ③ 모두, 친절했어?

정답 ①(반말체는 평서문과 의문문이 「だった」로 동일해서 만약 의문형을 나타내려면 문장 끝에 물음표를 붙여야 해요.)

❶ 오늘의 표현! "~했어"

'な형용사 어간'에 「だった」를 붙이면 な형용사 과거 긍정형의 반말 표현으로 '(な형용사)했어/했다'라는 뜻이에요. '깨끗했어', '편리했어', '싫어했어'처럼 지나간 과거 일에 대한 감상을 나타낼 때 주로 쓰여요.

❷ 한 눈에 구문 보기

예문 苦手だ + だった → 苦手だった。
질색하다   ~했어   질색했어.

Plus 「苦手だ」는 '질색하다'라는 뜻으로, 단순히 싫어하는 것보다 더 강한 정도로 싫어하는 것을 뜻하여 싫어하다 못해 못 견뎌 하는 뉘앙스를 나타낼 때 사용해요.

단어 苦手だ [니가테다] 질색하다, 서투르다, 자신 없다

❸ 상황별로 말해보기

어제 인터뷰 어땠어?
어제 인터뷰는 간단했어.

> 제시어 インタビュー [인타뷰-] 인터뷰, 면접

> 昨日のインタビューは簡単だったよ。

왜 오이는 안 먹어?
나는 옛날부터 오이를 질색했어.

> 제시어 昔から [무카시카라] 옛날부터 | きゅうり [큐-리] 오이

> 私は昔からきゅうりが苦手だった。

신칸센 타본 적 있어?
응. 깨끗하고 편리했어.

> 제시어 便利だ [벤리다] 편리하다

> うん。きれいで、便利だったよ。

처음 회화 !

호텔은 좋았어?
ホテルは良かった？

응, 이번 호텔은 쾌적했어.
うん、今回のホテルは快適だった。

단어 ホテル [호테루] 호텔 | 快適だ [카이테키다] 쾌적하다

Quiz 다음 빈칸에 알맞은 말을 써 보세요.

❶ いつからお酒が(　　　　　　)?
언제부터 술을 못 마셨어?

❷ 旅行は昔から(　　　　　　)。
여행은 옛날부터 좋아했어.

정답 ❶ 飲めなかった ❷ 好きだった

50 な형용사 과거 긍정형(반말)　**127**

"어제는 한가했어요."
な형용사 과거 긍정형(정중)

개념체크 다음 두 문법의 공통점은 무엇인가요?

好きだ - 好きだった
好きです - 好きでした

① 현재 긍정 - 과거 긍정
② 현재 긍정 - 현재 부정
③ 과거 긍정 - 현재 긍정

정답 ①

❶ 오늘의 표현! "~했어요"

'な형용사 어간'에 「でした」를 붙이면 な형용사 과거 긍정형의 정중한 표현으로 '(な형용사)했어요/했습니다'라는 뜻이에요. 앞서 배운 「だった」표현의 정중한 표현으로 '행복했어요', '복잡했어요'와 같이 나타낼 때 쓸 수 있어요.

❷ 한 눈에 구문 보기

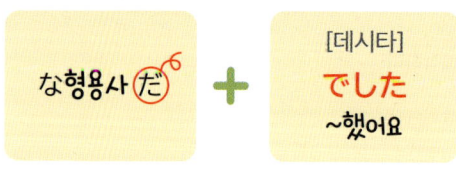

예문 幸せだ + でした → 幸せでした。
     행복하다 ~했어요   행복했어요.

Plus 긍정 시제 다시 한 번 짚고 넘어가기!
현재긍정: です ~합니다(정중) - だ ~하다(반말)
과거긍정: でした ~했습니다(정중) - だった ~했다(반말)

단어 幸せだ [시아와세다] 행복하다

❸ 상황별로 말해보기

어제 많이 바빴어요?
아니요, 어제는 한가했어요.
> 제시어 暇だ [히마다] 한가하다
> いいえ、昨日は暇でした。

공연은 어땠어요?
훌륭한 공연이었어요.
> 제시어 公演 [코-엔] 공연
> りっぱな公演でした。

지난번에 산 새 컴퓨터는 어땠어요?
옛날 컴퓨터보다 복잡했어요.
> 제시어 複雑だ [후쿠자츠다] 복잡하다
> 昔のパソコンより複雑でした。

처음 회화 !

가족 여행은 좋았어요?
家族旅行は良かったですか。

오랜만에 여행이라 행복했어요.
ひさしぶりの旅行で幸せでした。

Plus '가족 여행'이란 뜻의 「家族旅行」처럼 명사와 명사가 붙어 있지만 자주 붙어서 쓰는 단어이므로 명사 연결 조사인 「の」를 쓰지 않아도 돼요. '일본 요리', '운동 선수'도 마찬가지예요.

단어 家族旅行 [카조쿠 료코-] 가족 여행 | ひさしぶり [히사시부리] 오랜만

Quiz 다음 문장을 일본어로 써 보세요.

료칸은 근사했어요(멋졌어요).
➡ _____

정답 旅館は素敵でした。

"오늘 일 힘들었어?"
な형용사 과거 의문형(반말)

개념체크 다음 질문에 대한 답을 긍정형으로 쓰고 대답해 보세요.

ⓐ 今日、ひまだった？ 오늘, 한가했어?

ⓑ _____。 응, 한가했어.

정답 うん、ひまだった。

❶ 오늘의 표현! "~했어?"

'な형용사 어간'에 「だった？」를 붙이면 な형용사 과거 의문형의 반말 표현으로 '(な형용사)했어?'라는 뜻이에요. '간단했어?', '힘들었어?'와 같이 쓰여요. 또한, 평서문일 때도 「だった」라고 동일하게 나타내기 때문에 문장에서 쓰일 때는 문장 끝에 물음표를 꼭 붙여서 의문형임을 나타내야 하고, 말할 때도 끝 음절을 확실히 올려서 질문임을 나타내야 해요.

❷ 한 눈에 구문 보기

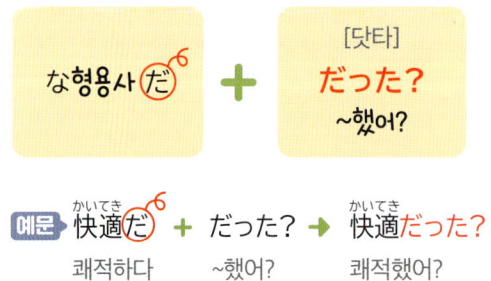

단어 快適だ [카이테키다] 쾌적하다

③ 상황별로 말해보기

축제 분위기 묻기　　　　　제시어 まつり [마츠리] 축제 | 賑やかだ [니기야카다] 떠들썩하다

축제는 떠들썩했어?　▶　まつりは賑やかだった？

퇴근 후 컨디션 묻기　　　　제시어 仕事 [시고토] 일, 업무 | 大変だ [타이헨다] 힘들다

오늘 일 힘들었어?　▶　今日、仕事大変だった？

파티 후 체크하기　　　　　제시어 食べ物 [타베모노] 음식 | 十分だ [쥬-분다] 충분하다

음식은 충분했어?　▶　食べ物は十分だった？

> **Plus** 「まつり」는 '축제'를 말해요. 일본에는 지역별, 시기별로 다양한 종류의 마츠리가 있으니, 여행 가기 전에 각 지역별로 마츠리 정보를 알아보고 가면 좋아요!

처음 회화

학교 테스트는 간단했어?
学校のテストは簡単だった？

아니, 전혀 그렇지 않아.
ううん、全然だめだった。

> **Plus** 「だめだ」는 '안 되다'라는 뜻이에요. 다만 문장 속에서 의역이 많이 되는 단어이기 때문에 상황을 파악하여 '안 되다', '못 하다'의 뉘앙스를 살려 해석하면 좋아요.

Quiz 다음 문장을 일본어로 써 보세요.

이 테이블이 필요했어?
➡ _____

정답 このテーブルが必要だった？

"점원은 친절했어요?"
な형용사 과거 의문형(정중)

개념체크 な형용사 과거 긍정 의문형의 반말 표현으로 옳은 것은 무엇인가요?

① 下手だ？   ② 下手だった？   ③ 下手たった？

정답 ② 'な형용사 어간'에「だった?」를 붙이면 돼요. 오늘은 정중한 표현을 알아봐요.

---

❶ 오늘의 표현! "~했어요?"

'な형용사 어간'에 「でしたか」를 붙이면 な형용사 과거 의문형의 정중한 표현으로 '(な형용사)했어요?/했습니까?'라는 뜻이에요. 이에 대해 긍정형으로 답할 때는 앞서 배운 'な형용사 어간'+「でした[데시타]」를 써서 '(な형용사)했어요/했습니다'라고 답하면 돼요.

❷ 한 눈에 구문 보기

예문 大丈夫だ + でしたか → 大丈夫でしたか。
      괜찮다   ~했어요?   괜찮았어요?

단어 大丈夫だ [다이죠-부다] 괜찮다

❸ 상황별로 말해보기

서비스가 어땠는지 묻기

백화점 점원은 친절했나요? ▷ 제시어 デパート [데파-토] 백화점 | 店員 [텡잉] 점원

デパートの店員は親切でしたか。

지진 상태 묻기

어제 지진은 괜찮았어요? ▷ 제시어 じしん [지싱] 지진

昨日、じしんは大丈夫でしたか。

회의 내용 묻기

어제 회의는 중요했나요? ▷ 제시어 会議 [카이기] 회의 | 重要だ [쥬-요-다] 중요하다

昨日の会議は重要でしたか。

처음 회화!

첫 출근은 괜찮았어요?
初出勤は大丈夫でしたか。

네, 괜찮았어요.
はい、大丈夫でした。

단어 初出勤 [하츠 슉킹] 첫 출근

Quiz 다음 빈칸에 알맞은 말을 써 보세요.

Ⓐ あのテストは(　　　　　　　)。
그 테스트는 중요했나요?

Ⓑ はい、(　　　　　　　)。
네, 중요한 테스트였어요.

정답 Ⓐ 重要でしたか Ⓑ 重要なテストでした

53 な형용사 과거 의문형(정중)

"회가 별로 신선하지 않았어."
な형용사 과거 부정형(반말)

개념체크 다음 문장의 해석으로 올바른 것은 무엇인가요?

不便(ふべん)じゃなかった。

① 불편하지 않았어.   ② 불편해?   ③ 불편하지 않아?

정답 ①('な형용사 어간'에「じゃなかった」를 쓰면 '~하지 않았어'라는 뜻이에요.)

❶ 오늘의 표현! "~하지 않았어"

'な형용사 어간'에「じゃなかった」를 붙이면 な형용사 과거 부정형의 반말 표현으로 '(な형용사)하지 않았어/하지 않았다'라는 뜻이에요. '화려하지 않았어', '좋지 않았어'처럼 지나간 일에 대한 감상을 부정적으로 나타낼 때에 주로 쓰이는 표현이에요.

❷ 한 눈에 구문 보기

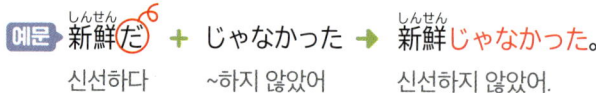

예문 新鮮(しんせん)だ + じゃなかった → 新鮮(しんせん)じゃなかった。
신선하다   ~하지 않았어   신선하지 않았어.

단어 新鮮(しんせん)だ [신센다] 신선하다

❸ 상황별로 말해보기

그 횟집 어땠어?
회가 그다지 신선하지 않았어. ▶ 제시어 さしみ [사시미] 생선회
さしみがあまり新鮮じゃなかった。

카나 짱 드레스는 어땠어?
그다지 화려하지 않았어. ▶ 제시어 派手だ [하데다] 화려하다
あまり派手じゃなかった。

그가 기운이 없어 보여.
어제도 기운이 없었어. ▶ 제시어 …も [모] ~도 | 元気だ [겡키다] 기운차다, 건강하다
昨日も元気じゃなかった。

처음 회화!

저 가게, 어땠어?
あの店、どうだった？

음식이 충분하지 않았어.
食べ物は十分じゃなかった。

Plus 지나간 일에 대한 감상을 물어볼 때는 「どうだった？(어땠어?)」나 「どうでしたか。(어땠어요?)」라고 물어볼 수 있어요. 참고로 현재시제의 경우에는 「どう？(어때?)」나 「どうですか。(어때요?)」라고 해요.

Quiz 다음 문장을 일본어로 써 보세요.

일은 별로 힘들지 않았어요.
→ _____

정답 仕事はあまり大変じゃなかったです。

"그다지 튼튼하지 않았어요."
な형용사 과거 부정형(정중)

개념체크 빈칸에 들어갈 말로 가장 자연스러운 것은 무엇인가요?

しずかじゃありません_____。
조용하지 않았어요.

① だった   ② です   ③ でした

정답 ③ ('な형용사 어간'에 「じゃありませんでした」를 쓰면 '~하지 않았어요'라는 뜻이에요.)

---

❶ 오늘의 표현! "~하지 않았어요"

'な형용사 어간'에 「じゃなかったです」를 붙이면 な형용사 과거 부정형의 정중한 표현으로 '(な형용사)하지 않았어요/않았습니다'라는 뜻이에요. 명사 파트에서 학습했던 「じゃありませんでした[쟈 아리마센데시타]」와 「ではありませんでした[데와 아리마센데시타]」 또한 な형용사와 결합할 때도 동일하게 쓰이니 함께 연습해 두세요.

❷ 한 눈에 구문 보기

예문 真面目<ruby>だ</ruby> ＋ じゃなかったです
　　　성실하다　　　~하지 않았어요

→ 真面目じゃなかったです。
　　성실하지 않았어요.

단어 真面目だ [마지메다] 성실하다

❸ 상황별로 말해보기

고등학교 땐 어땠어요?

고등학교 때는 그다지 성실하지 않았습니다.

> 제시어 高校 [코-코-] 고등학교 | …の時 [노 토키] ~의 때
>
> 高校の時はあまり真面目じゃなかったです。

인터넷에서 산 가방은 어땠어요?

가방은 그다지 튼튼하지 않았어요.

> 제시어 丈夫だ [죠-부다] 튼튼하다
>
> かばんはあまり丈夫じゃなかったです。

와, 사람이 많네요.

이 동네는 옛날에 번화하지 않았어요.

> 제시어 町 [마치] 마을, 동네
>
> この町は昔、賑やかじゃなかったです。

Plus 小学校(초등학교)、中学校(중학교)、高校(고등학교)、大学(대학교)、大学院(대학원)까지 함께 묶어서 알아두세요!

처음 회화!

 그 핸드백은 어땠어요?
そのハンドバッグはどうでしたか。

그다지 화려하지 않았어요.
あまり派手じゃなかったです。

Plus かばん(가방)、ハンドバック(핸드백)、バックパック(백팩) 등 다양한 표현으로 기억해 두세요.

Quiz 다음 문장을 일본어로 써 보세요.

그 일은 중요하지 않았어요.

➡ _____

정답 その仕事は重要じゃなかったです。

"그 신발 불편하지 않았어?"
な형용사 과거 부정 의문형(반말)

개념체크 다음 문장의 해석으로 올바른 것은 무엇인가요?

十分(じゅうぶん)じゃなかった？

① 충분하지 않았대?
② 충분하지 않은 거야?
③ 충분하지 않았어?

정답 ③ ('な형용사 어간'에 「じゃなかった？」를 쓰면 '~하지 않았어?'라는 뜻이에요.)

❶ 오늘의 표현! "~하지 않았어?"

'な형용사 어간'에 「じゃなかった？」를 붙이면 な형용사 과거 부정 의문형의 반말 표현으로 '(な형용사)하지 않았어?'라는 뜻이에요. 평서문일 때도 「じゃなかった」라고 동일하게 나타내기 때문에 문장에서 쓰일 때는 물음표를 꼭 붙여서 의문형임을 나타내야 하고, 말할 때도 끝 음절을 확실히 올려서 질문임을 나타내야 해요.

❷ 한 눈에 구문 보기

예문 十分(じゅうぶん)だ + じゃなかった？
충분하다 ~하지 않았어?

→ 十分(じゅうぶん)じゃなかった？
충분하지 않았어?

단어 十分(じゅうぶん)だ [쥬-분다] 충분하다

③ 상황별로 말해보기

그걸 신고 갔다고?
그 구두 불편하지 않았어?

제시어 靴 [쿠츠] 구두, 신발 | 不便だ [후벤다] 불편하다

> そのくつ、不便じゃなかった？

주말까지 고생이야.
아르바이트 힘들지 않았어?

제시어 バイト [바이토] 아르바이트 | 大変だ [타이헨다] 힘들다

> バイト大変じゃなかった？

내가 잘못 들었나?
키무라 군! 노래 잘하지 않았어?

제시어 上手だ [죠-즈다] 잘하다

> 木村君! 歌、上手じゃなかった？

처음 회화 !

테니스를 좋아하지 않았어?
テニスが好きじゃなかった？

응, 옛날에 좋아했어.
うん、昔は好きだった。

단어 ▶ テニス [테니스] 테니스

Quiz 다음 빈칸에 알맞은 말을 써 보세요.

Ⓐ 彼は中国語が上手(　　　　　　　)？
그는 중국어를 잘하지 않았어?

Ⓑ いや、彼は(　　　　　　　)。
아니, 그는 영어를 잘했어.

56 な형용사 과거 부정 의문형(반말)

"여권은 필요하지 않았어요?"
な형용사 과거 부정 의문형(정중)

개념체크 다음 중 문법적으로 활용이 어색한 문장은 무엇인가요?

① 好きじゃありませんですか。

② 好きじゃありませんでしたか。

③ 好きではありませんでしたか。

정답 ①(1번의「じゃありませんですか」는 '~이 아닙니다'와 '~입니까?'가 섞여 활용할 수 없는 문법이에요.)

❶ 오늘의 표현! "~하지 않았어요?"

'な형용사 어간'에「じゃなかったですか」를 붙이면 な형용사 과거 부정 의문형의 정중한 표현으로 '(な형용사)하지 않았어요?/않았습니까?'라는 뜻이에요. 명사 파트에서 학습했던「じゃありませんでしたか[쟈 아리마센데시타카]」와「ではありませんでしたか[데와 아리마센데시타카]」또한 な형용사와 결합해서도 동일하게 쓰이니 함께 연습해 두세요.

❷ 한 눈에 구문 보기

예문 賑やかだ + じゃなかったですか
붐비다 　　~하지 않았어요?

→ 賑やかじゃなかったですか。
붐비지 않았어요?

단어 賑やかだ [니기야카다] 번화하다, 붐비다

❸ 상황별로 말해보기

호텔 체크인할 때 여권은?
여권은 필요하지 않았어요?

> 제시어 パスポート [파스포-토] 여권
>
> パスポートは必要じゃなかったですか。

무례한 행동은 못 참지!
밤에 한 전화, 무례하지 않았어요?

> 제시어 夜 [요루] 밤 | 失礼だ [시츠레-다] 무례하다
>
> 夜の電話、失礼じゃなかったですか。

저 가게 다시는 안 갈래!
저 가게 점원, 불친절하지 않았어요?

> 제시어 不親切だ [후신세츠다] 불친절하다
>
> あの店の店員、不親切じゃなかったですか。

Plus 「不親切だ(불친절하다)」와 같이 「不」를 붙여 반대 표현을 나타내는 단어들이 있어요.
예) 不真面目だ(불성실하다) / 不自由だ(자유롭지 못하다)

처음 회화!

노트는 필요하지 않았어요?
ノートは必要じゃなかったですか。

네, 휴대 전화로 충분했어요.
はい、ケータイで十分でした。

단어 ノート [노-토] 노트 | …で [데] (수단, 방법) ~으로

Quiz 다음 문장을 일본어로 써 보세요.

회의는 힘들지 않았어요?
→ _____

정답 会議は大変じゃなかったですか。

EPISODE 4 종합 연습문제

1 다음 질문에 알맞은 답을 골라보세요.

1 다음 중 형용사가 쓰이지 않은 문장은?
① 요리가 간단하다.
② 내일도 회사에 간다.
③ 선선한 가을이 좋다.

4 단어와 뜻이 잘못 연결된 것은?
① 失礼だ - 무례하다, 실례하다
② 大丈夫だ - 괜찮다
③ 嫌いだ - 좋아하다

2 な형용사 쓰임이 잘못된 문장은?
① どうして元気だじゃないですか。
② このベッドはあまり楽じゃないです。
③ 木村さんはとても真面目です。

5 대화의 흐름이 어색한 것은?
① A: バイト大変じゃなかった？
　 B: ううん、上手じゃなかったよ。
② A: デパートの店員は親切でしたか。
　 B: はい、みんな親切でした。
③ A: このレストラン、すてきじゃない？
　 B: うん、とてもすてき！

3 아래 문장을 일본어로 옳게 바꾼 것은?

> 저 의자보다 편하지 않나요?

① あのいすより楽じゃない。
② あのいすより楽じゃないですか。
③ あのいすより楽じゃなかった？

6 다음 질문의 대답으로 옳은 것은?

> そのくつ、不便じゃなかった？

① うん、ちょっと不真面目だった。
② ううん、大丈夫だった。
③ ううん、好きじゃなかったよ。

2 제시된 문장에 맞게 빈칸을 채워 보세요.

1 음식은 충분했어?

→ 食べ物は十分　　　　　　　　　　　？

2 어제는 한가했습니다.

→ 昨日は暇　　　　　　　　　　。

3 신칸센은 깨끗하고, 편리했어.

→ 新幹線はきれい　　　　　　、便利　　　　　　よ。

4 키무라 군! 노래 잘하지 않았어?

→ 木村君！歌、上手　　　　　　　　　　？

5 저 가게 점원 불친절하지 않았어요?

→ あの店の店員、不親切　　　　　　　　　　。

6 이 동네는 옛날에 별로 번화하지 않았습니다.

→ この町は昔、あまり賑やか　　　　　　　　　。

처음 Talk talk!

MP3를 들으며 일본어 기초 회화 표현을 말해 보세요.

키라이나 료-리와 난데스카
嫌いな料理は何ですか。

싫어하는 요리는 뭐예요?

와타시와 우타가 토쿠이 쟈 나이
私は歌が得意じゃない。

나는 노래를 잘하지 못해.

아노 히토 한사무 쟈 나이
あの人、ハンサムじゃない？

저 사람 핸섬하지 않아?

시고토와 타이헨 쟈 나이데스카
しごとは大変じゃないですか。

일은 힘들지 않아요?

카나상와 신세츠데 료-리가 죠-즈데스
かなさんは親切で、料理が上手です。

카나 씨는 친절하고 요리를 잘해요.

키노- 지싱와 다이죠-부 데시타카
昨日、じしんは大丈夫でしたか。

어제 지진은 괜찮았어요?

EPISODE 5

일본어 형용사와 친해지기② 'い형용사'

い형용사 친해지기 프로젝트!
い형용사 개념

 개념체크 다음 중 い형용사는 몇 개일까요?

好きだ 좋아하다　　　おいしい 맛있다　　　かわいい 귀엽다

정답 2개(おいしい 맛있다, かわいい 귀엽다)

❶ い형용사 개념 잡기

앞서 에피소드4에서 な형용사의 개념에 대해 살펴봤다면, 에피소드5부터는 문장의 맛을 살려주는 일본어의 두 가지 형용사 중 い형용사에 대해 학습해 봐요. 본격적으로 알아보기 전, い형용사의 기본적인 개념에 대해 알아봐요.

い형용사 기본형	명사 수식형
맛있다 おいしい	맛있는 おいしい

명사를 수식할 때 「だ」가 삭제되고 「な」로 바뀌어 형용사가 「な」로 끝나는 な형용사와 다르게, い형용사는 기본형이 「い」로 끝나고 명사를 수식할 때도 변형 없이 「い」로 끝나기 때문에 기본형과 명사 수식형이 동일하게 쓰여요.

❷ い형용사의 특징

い형용사는 기본형이 「…い」인 형용사로 '~다'라고 해석돼요. な형용사가 '~하다'라고 해석되는 것과 차이점이라고 볼 수 있어요. 또한 い형용사는 な형용사보다 그 수가 더 많으며, 오감으로 사물의 성질, 상태, 모양, 말하는 이의 감정, 판단 등을 나타내는 형용사예요.

高い (たか)	大きい (おお)	多い (おお)
높다, 비싸다	크다	많다

おいしい	うれしい	白い (しろ)
맛있다	기쁘다	하얗다

❸ い형용사와 な형용사 한눈에 비교하기

	い형용사	な형용사
기본형	…い	…だ
해석	~다	~하다
명사 수식	い+명사	な+명사
특징	な형용사보다 단어 수가 많음	한자어에서 비롯된 것이 대부분임

처음 회화!

여기 유명해요?
ここ、有名(ゆうめい)ですか。

엄청 맛있는 식당이에요.
とてもおいしい食堂(しょくどう)ですよ。

단어 食堂(しょくどう) [쇼쿠도-] 식당

Quiz 다음 중 'い형용사'를 골라 보세요.

| おいしい | きれい |

정답 おいしい(맛있다)

"귀여운 고양이에요."
い형용사 명사 수식형

개념체크 빈칸에 들어갈 말로 가장 자연스러운 것은 무엇인가요?

白_____雪
하얀 눈

① だ　　　② な　　　③ い

정답 ③ ('白い'는 い형용사이므로 기본형 그대로 명사를 수식해요.)

❶ "~한 ~"

오늘은 い형용사의 명사 수식에 대해 알아봐요. い형용사가 명사를 수식할 땐 い형용사의 기본형에 명사를 바로 붙여 '(い형용사)한 (명사)'라는 뜻을 나타내요. な형용사의 명사 수식형에 비해 쉬운 편이죠? い형용사는 な형용사보다 더 다양한 종류의 단어가 있기 때문에 여러 단어들만 암기해 두면 상황마다 쉽게 활용할 수 있어요.

❷ 한 눈에 구문 보기

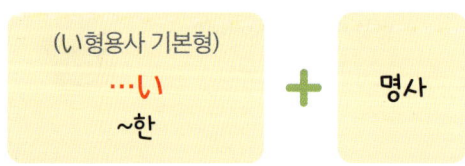

예문 おいしい ＋ デザート → おいしいデザート
　　　　맛있다　　　디저트　　　맛있는 디저트

단어 おいしい [오이시-] 맛있다 ｜ デザート [데자-토] 디저트

③ 상황별로 말해보기

저기 고양이가 있어요!
귀여운 고양이네요.

> 제시어 かわいい [카와이-] 귀엽다 | 猫 [네코] 고양이
> かわいい猫ですね。

부모님께 가방을 선물 받았어요.
와, 비싼 가방이네요.

> 제시어 高い [타카이] 비싸다, 높다
> うわー、高いかばんですね。

와~ 오늘 날씨가 엄청 좋아요!
그렇네요. 오늘은 좋은 날씨네요.
(날씨가 좋네요.)

> 제시어 いい [이-] 좋다
> そうですね。今日はいい天気ですね。

Plus い형용사 「いい(좋다)」와 な형용사 「すきだ(좋아하다)」는 흔히 헷갈리는 표현이에요. '디저트를 좋아하다'처럼 좋아하는 대상이 있는 경우에는 「すきだ(좋아하다)」를 써요. 반면 「いい(좋다)」는 상태나 행동에 쓰이며 영어의 'nice'와 비슷한 뜻이에요.

처음 회화 !

어머, 귀여운 강아지네요!
あら、かわいい犬ですね！

그러게요, 아주 귀엽네요!
そうですね、とてもかわいいですね！

단어 あら [아라] 어머(감동하거나 놀랐을 때 내는 소리) | 犬 [이누] 강아지, 개

Quiz 다음 문장에서 잘못된 부분을 고쳐 보고 그 이유를 써 보세요.

私がいい映画です。   제가 좋아하는 영화예요.
→ _____ (이유: _____)

정답 私がすきな映画です。 (이유: 좋아하는 대상이 있으므로 「すきだ(좋아하다)」를 사용해야 해요.)

"이 과자 정말 맛있어요."
い형용사 현재 긍정형(정중)

개념체크 빈칸에 공통으로 들어갈 말로 가장 자연스러운 것은 무엇인가요?

かんたん_____。 간단합니다.
うれしい_____。 기쁩니다.

① い   ② です   ③ だ

정답 ②(な형용사와 い형용사 모두 현재 긍정형의 정중에는 「です」가 들어가요.)

❶ 오늘의 표현! "~예요"

오늘은 い형용사 현재 긍정형의 정중한 표현에 대해 알아봐요. な형용사는 'な형용사 어간'에 「です」를 붙여 만들지만, い형용사는 기본형(…い) 그대로 변형 없이 「です」를 붙여 '(い형용사)예요/(ㅂ)니다'라는 뜻의 い형용사 정중 표현을 만들 수 있어요.

❷ 한 눈에 구문 보기

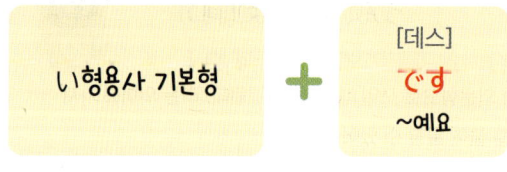

예문

優しい + です → 優しいです。
상냥하다 ~예요/(ㅂ)니다 상냥해요./상냥합니다.

Plus 「優しい (상냥하다, 친절하다)」는 또 다른 い형용사인 「易しい (쉽다)」와 발음이 [야사시-]로 동일해요. 따라서 한자는 구분해서 외워두고 회화에서는 문맥에 따라 의미를 파악해야 해요.

단어 優しい [야사시-] 상냥하다, 친절하다

❸ 상황별로 말해보기

음식을 권할 때
이 과자 정말 맛있어요. 드셔 보세요.
> 제시어 お菓子 [오카시] 과자 | 本当に [혼토-니] 정말, 진짜
> このお菓子、本当においしいです。どうぞ。

사람을 묘사할 때
일본어 선생님은 정말 상냥해요.
> 제시어 優しい [야사시-] 상냥하다, 친절하다
> 日本語の先生は本当に優しいです。

물건을 고를 때
큰 우산이 좋습니다.
> 제시어 大きい [오-키-] 크다
> 大きい傘がいいです。

Plus 「どうぞ[도-조]」는 상대방에게 무언가를 권하거나 부탁하는 공손한 말투를 나타내요. 만약 무언가를 먹는 상황에서 「どうぞ[도-조]」만 써도 '드셔 보세요'라는 표현이 돼요.

처음 회화!

제 아내의 요리는 다 맛있어요.
妻の料理は全部おいしいです。

와~ 부러워요.
え‐うらやましいですね。

단어 妻 [츠마] 아내 | うらやましい [우라야마시-] 부럽다

Quiz 다음 문장을 한국어로 해석해 보세요.

すずきくんの家族はみんな優しいです。
→ _____

정답 스즈키 군의 가족은 모두 상냥해요.

"저 영화는 재미없어."
い형용사 현재 부정형(반말)

개념체크 다음 중 부정형 문법 활용이 잘못된 것은 무엇인가요?

① かんこくじんじゃない 한국인이 아니다

② まじめじゃない 성실하지 않다

③ おいしいじゃない 맛있지 않다

정답 ③ (い형용사의 부정형을 나타내기 위해서는 「おいしくない」라고 써야 해요.)

❶ 오늘의 표현! "~지 않아"

'い형용사 어간'에 「くない」를 붙이면 い형용사 현재 부정형의 반말 표현으로 '(い형용사)지 않아/않다'라는 뜻이에요. 「…じゃない」를 붙이는 명사, な형용사 현재 부정형과 활용 방식이 다르기 때문에 비교해서 잘 기억해 두세요.

❷ 한 눈에 구문 보기

예문 良い + くない → 良くない。
좋다 ~지 않아 좋지 않아.

Plus 「良い(좋다)」는 「いい[이-]」와 「よい[요이]」두 가지 발음이 있는데, 기본형에서 「い」를 탈락시키는 변화가 있을 때는 「よい[요이]」를 사용하기 때문에 「良くない」는 쓸 수 없어요.

단어 良い/良い [이-/요이] 좋다

❸ 상황별로 말해보기

저 영화 어때?

저 영화는 재미없어.

> 제시어 映画 [에-가] 영화 | 面白い [오모시로이] 재미있다
>
> あの映画は面白くない。

된장찌개는 매운 음식이야?

아니, 전혀 맵지 않아.

> 제시어 辛い [카라이] 맵다
>
> ううん、全然辛くないよ。

어디 아파?

몸 상태가 그다지 좋지 않아.

> 제시어 体調 [타이쵸-] 몸 상태, 컨디션
>
> 体調があまりよくない。

처음 회화!

이 드라마 재밌지?
このドラマ、面白いよね?

글쎄… 나는 그다지 재미없는데.
そうだね…私はあまり面白くないな。

Plus 「…よね」 종조사는 '~지?', '그렇지?'라는 뜻으로 화자의 말에 동조해 주길 바랄 때 사용해요.

Plus 「な」 종조사는 '~다, ~네'라는 뜻으로, 감상, 감동을 혼잣말처럼 말할 때 사용해요.

단어 ▶ ドラマ [도라마] 드라마

Quiz 다음 빈칸에 알맞은 말을 써 보세요.

❶ その店員は ( ).

그 점원은 그다지 상냥하지 않아.

❷ このかばんは ( ).

이 가방은 전혀 비싸지 않아.

정답 ❶ あまり親切 くない ❷ 全然高くない

"형은 키가 크지 않아요."
い형용사 현재 부정형(정중)

 개념체크 다음 중 い형용사의 부정문으로 옳지 않은 것은 무엇인가요?

① ひろいありません

② ひろくありません

③ ひろくないです

정답 ①(い형용사의 부정문은 '-い'를 탈락시킨 어간에 부정형이 놓여요.)

❶ 오늘의 표현! "~지 않아요"

'い형용사 어간'에 「くないです」를 붙이면 い형용사 현재 부정형의 정중한 표현으로 '(い형용사)지 않아요/않습니다'라는 뜻이에요. 같은 뜻으로 「くありません [쿠 아리마셍]」이 있는데 이 표현은 주로 문체로, 「くないです」는 주로 회화체로 쓰이기 때문에 두 가지 표현을 함께 기억해 두고 적절한 상황에서 활용해 보세요.

❷ 한 눈에 구문 보기

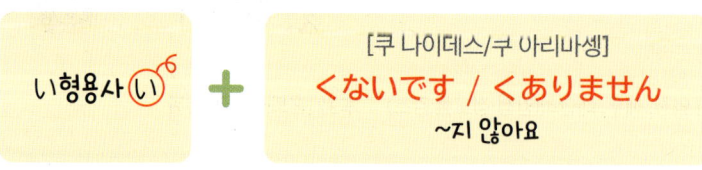

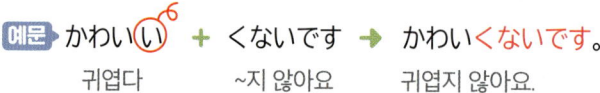

단어 かわいい [카와이-] 귀엽다

❸ 상황별로 말해보기

형도 키가 커요? 제시어 兄 [아니] 형, 오빠 | 背が高い [세가 타카이] 키가 크다

형은 키가 크지 않아요. > 兄は背が高くないです。

4월은 더워요? 제시어 暑い [아츠이] 덥다

4월은 덥지 않아요. > 4月は暑くないです。

회사에서 집까지 멉니까? 제시어 遠い [토-이] 멀다

회사는 집에서 멀지 않습니다. > 会社は家から遠くないです。

Plus 일본에서는 키(신장)를 '높고 낮음'의 세로 개념으로 따지기 때문에, '키가 크다'는 '높다'를 활용해 「背が高い」, '키가 작다'는 '낮다'를 활용해 「背が低い」라고 표현해요.

처음 회화 !

요즘 기분이 별로 좋지 않아요.
最近、あまり気分がよくないです。

무슨 일 있어요?
どうしたんですか。

Plus 「良い(좋다)」를 「よくないです(좋지 않아요)」라고 발음하는 점에 유의하세요.

단어 最近 [사이킨] 요즘, 최근 | 気分 [키분] 기분, 컨디션

Quiz 다음 문장을 한국어로 해석해 보세요.

ここのラーメンは全然辛くないです。
→ _____

정답 여기 라면은 전혀 맵지 않아요.

62 い형용사 현재 부정형(정중)

"지금 바빠?"
い형용사 현재 의문형(반말)

개념체크 빈칸에 들어갈 말로 가장 자연스러운 것은 무엇인가요?

これ、たかい_____
이거 비싸?

① か   ② ね   ③ ?

정답 ③ (い형용사 기본형에 물음표를 붙이면 '~해? / ~야?'라는 뜻이에요.)

❶ 오늘의 표현! "~해?/야?"

오늘은 い형용사 현재 의문형의 반말 표현에 대해 알아봐요. 이 표현도 な형용사에서 학습한 것처럼 매우 간단해요. 'い형용사 기본형'에 물음표만 붙여 '(い형용사)해?/야?'라고 나타낼 수 있어요. 문장에서 쓸 때는 물음표를 꼭 붙이고, 말할 때는 끝 음을 올려 발음하면 돼요. 끝 음을 올리지 않으면 평서문의 '~다'라는 뜻이기 때문에 잘 구분해야 해요.

❷ 한 눈에 구문 보기

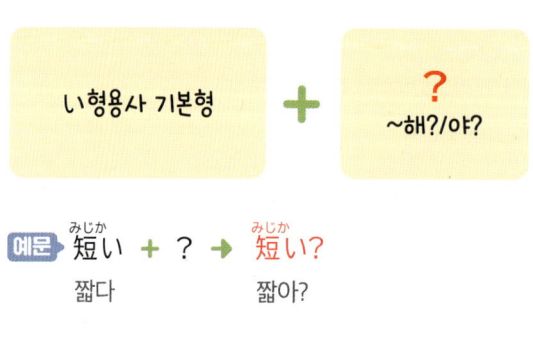

예문 短い(みじか) + ? → 短い(みじか)?
짧다   짧아?

단어 短い(みじか) [미지카이] 짧다

❸ 상황별로 말해보기

과음했나봐
나, 얼굴 빨개?
> 제시어 顔 [카오] 얼굴 | 赤い [아카이] 빨갛다
> 私、顔赤い？

도움이 필요해!
저기(있잖아)! 지금 바빠?
> 제시어 忙しい [이소가시-] 바쁘다
> ね！今、忙しい？

일본의 방학이 궁금해.
일본의 여름 방학은 짧아?
> 제시어 夏休み [나츠야스미] 여름 방학, 여름 휴가
> 日本の夏休みは短い？

Plus 「ね[네]」는 '저기 (있잖아)'라는 뜻으로 어떠한 말을 하기 위해 상대방을 부르거나 시선을 끄는 경우에 쓰는 표현이에요.

처음 회화 !

어디 아파?
どこか痛いの？

아니, 아프지 않아. 왜?
ううん、痛くないよ。何で？

Plus 「…の？」가 문장 끝에 쓰이면 '~인 거야?'의 회화체 말투를 살려주는 역할을 해요.
단어 痛い [이타이] 아프다

Quiz 다음 문장을 한국어로 해석해 보세요.

いつまで忙しいの？
→ _____

정답 언제까지 바빠(바쁜 거야)?

"고속 버스보다 전철이 빨라요?"
い형용사 현재 의문형(정중)

 음원 듣기

 개념체크 다음 문장을 일본어로 올바르게 바꾼 것은 무엇인가요?

골프 어려워요?

① ゴルフ、むずかしいでしたか。
② ゴルフ、むずかしいですか。
③ ゴルフ、むずかしい？

정답 ②

❶ 오늘의 표현! "~예요?"

'い형용사 기본형'에 「ですか」를 붙이면 い형용사 현재 의문형의 정중한 표현으로 '(い형용사)예요?/(ㅂ)니까?'라는 뜻이에요. 명사와 な형용사의 경우에도 뒤에 「ですか」를 붙여서 '(명사)예요?/(ㅂ)니까?'라는 표현을 할 수 있었죠. い형용사에서도 마찬가지로 활용되기 때문에 어휘만 바꿔서 연습해 봐요.

❷ 한 눈에 구문 보기

| い형용사 기본형 | + | [데스카]
ですか
~예요? |

예문 しょっぱい + ですか → しょっぱいですか。
짜다   ~예요?/(ㅂ)니까?   짜요?/짭니까?

Plus 맛을 나타내는 다양한 표현

辛い (から)	甘い (あま)	酸っぱい (す)	しょっぱい	渋い (しぶ)
맵다	달다	시다	짜다	떫다

❸ 상황별로 말해보기

쓴 건 딱 질색인데…

이 약 쓴가요?

제시어 薬 [쿠스리] 약 | 苦い [니가이] 쓰다

> この薬、苦いですか。

가장 빠른 걸로요!

고속 버스보다 전철이 빠른가요?

제시어 高速バス [코-소쿠바스] 고속 버스 | 方 [호-] 쪽, 편

> 高速バスより電車の方が速いですか。

오늘도 야근이라니!

오늘은 남은 업무가 많아요?

제시어 残業 [잔교-] 잔업, 초과 근무

> 今日は残業が多いですか。

Plus 교통수단을 나타내는 다양한 표현

車	バス	タクシー	地下鉄	電車	飛行機	自転車
차, 자동차	버스	택시	지하철	전철	비행기	자전거

처음 회화 !

이 케이크는 달아요?
このケーキは甘いですか。

아뇨, 그건 별로 안 달아요.
いいえ、それはあまり甘くないです。

단어 ▶ ケーキ [케-키] 케이크

Quiz 다음 문장을 한국어로 해석해 보세요.

お兄さんは弟さんより背が高いですか。

→ _____

정답 형은 남동생보다 키가 커요?

"쟤 귀엽지 않아?"
い형용사 현재 부정 의문형(반말)

개념체크 빈칸에 공통으로 들어갈 말로 가장 자연스러운 것은 무엇인가요?

かわい_____ない？
かわい_____ないですか。

① い　　　　　② く　　　　　③ じゃ

정답 ②

❶ 오늘의 표현! "~지 않아?"

'い형용사 어간'에 「くない？」를 붙이면 い형용사 현재 부정 의문형의 반말 표현으로 '(い형용사)지 않아?'라는 뜻이에요. 부정문을 의문형으로 써서 '오늘 안 바빠?'와 같은 단순 질문형으로 사용할 수도 있고, 강한 긍정에 대한 상대방의 동조를 구하는 의미로 '우리 오늘 진짜 바쁘지 않니?'와 같이 사용할 수도 있어요.

❷ 한 눈에 구문 보기

예문 おかしい + くない → おかしくない？
이상하다　~지 않아?　이상하지 않아?

Plus な형용사에서 학습한 「…じゃない(~하지 않아)」처럼 「くない」가 일반적인 부정문으로 쓰일 때는 끝 음의 변화가 거의 없거나 살짝 내려 발음하고, 의문형으로 쓰일 때는 끝을 살짝 올려 발음한다는 차이가 있어요.

단어 おかしい [오카시-] 이상하다

❸ 상황별로 말해보기

레스토랑 부하 직원에게
자네, 손톱 길지 않아?

제시어 つめ [츠메] 손톱, 발톱 | 長い [나가이] 길다

> 君、つめ長くない？

심란해 보이는 동료를 보며
오늘 야마다 씨 좀 이상하지 않아?

제시어 おかしい [오카시-] 이상하다

> 今日、山田さんちょっとおかしくない？

딱 내 스타일이야!
저 애 귀엽지 않아?

제시어 あの子 [아노코] 저 애

> あの子、かわいくない？

처음 회화 !

이 귤, 시지 않아?
このみかん、酸っぱくない？

그래? 좀 시긴 한데 달달해.
そう？ちょっと酸っぱいけど、甘いよ。

단어 みかん [미캉] 귤 | 酸っぱい [습파이] 시다 | けど [케도] ~(이)지만, ~인데

Quiz 다음 빈칸에 알맞은 말을 써 보세요.

❶ そのスカート、(　　　　　　　)?
그 치마, 짧지 않아?

❷ 新幹線の方が(　　　　　　　)?
신칸센(쪽)이 빠르지 않겠어?

정답 ❶ 短くない? ❷ 早くない?

"일본어 어렵지 않아요?"
い형용사 현재 부정 의문형(정중)

 개념체크 빈칸에 들어갈 말로 가장 자연스러운 것은 무엇인가요?

あまり_____くありません。
그다지 빠르지 않아요.

① はや　　　　② はやい　　　　③ はやく

정답 ①

❶ 오늘의 표현! "~지 않아요?"

'い형용사 어간'에 「くないですか」를 붙이면 い형용사 현재 부정 의문형의 정중한 표현으로 '(い형용사)지 않아요?/않습니까?'라는 뜻이에요. 평서문일 때와 마찬가지로 「くないですか」는 주로 회화체로, 「くありませんか」는 주로 문어체로 쓰이기 때문에 두 가지 표현을 함께 기억해 두세요.

❷ 한 눈에 구문 보기

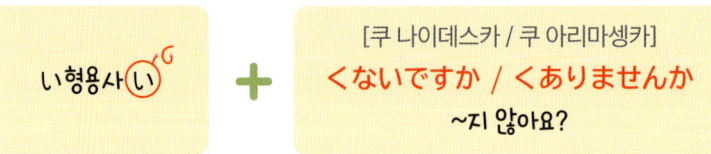

예문
暗い + くないですか → 暗くないですか。
어둡다　 ~지 않아요?　　어둡지 않아요?

狭い + くないですか → 狭くないですか。
좁다　　~지 않아요?　　좁지 않아요?

단어 暗い [쿠라이] 어둡다 | 狭い [세마이] 좁다

❸ 상황별로 말해보기

일본어 공부를 시작한 친구에게

일본어 어렵지 않아요?

> 제시어 難しい [무즈카시-] 어렵다
>
> 日本語、難しくないですか。

초행길에서 행인에게

은행은 여기에서 가깝지 않아요?

> 제시어 近い [치카이] 가깝다
>
> 銀行はここから近くないですか。

온탕을 권하는 일본인에게

물이 뜨겁지 않나요?

> 제시어 お湯 [오유] (뜨거운) 물 | 熱い [아츠이] 뜨겁다
>
> お湯、熱くないですか。

Plus 「水[미즈]」는 보통 '찬물', 「お湯[오유]」는 '(한 번 데운) 따뜻하거나 뜨거운 물'을 의미예요.

처음 회화 !

 올 겨울 춥지 않나요?
今年の冬、寒くないですか。

그러게요. 10월부터 춥네요.
そうですね。10月から寒いですね。

단어 今年 [코토시] 올해 | 寒い [사무이] 춥다

Quiz 다음 빈칸에 알맞은 말을 써 보세요.

Ⓐ Aセットは量、(　　　　　)。　A세트는 양 (너무) 많지 않아요?
Ⓑ この道は (　　　　　)。　이 길은 어둡지 않아요?

정답 ❶ 多くないですか ❷ 暗くないですか

"매일 즐겁고 행복해요."
い형용사 연결형

개념체크 두 문장에 밑줄 친 부분의 해석으로 옳은 것은 무엇인가요?

A. まじめ <u>で</u> 、しんせつです。
B. やす <u>くて</u> 、いいです。

① 한　　　　　② 하고　　　　　③ 하게

정답 ②(A. 성실하고, 친절합니다. / B. 저렴하고, 좋아요.)

❶ 오늘의 표현! "~하고/해서"

오늘은 い형용사의 연결형에 대해 학습해 봐요. 연결형은 い형용사 뒤에 「くて」를 붙여 나타내는데 な형용사 연결형인 「で」와 마찬가지로 '~하고'와 '~해서'라는 두 가지 뜻을 가지고 있어요. 우선 한 문장 이상을 연결하여 나열할 때는 '~하고'라는 뜻으로 해석하고, 앞 문장을 원인(이유)으로 하여 뒤 문장의 결과로 이어지게 될 때 '~해서'라는 뜻으로 해석해요.

❷ 한 눈에 구문 보기

예문 私(わたし)の妻(つま)は優(やさ)しくて、賢(かしこ)いです。
제 아내는 상냥하고 현명해요. [나열]

私(わたし)の妻(つま)は可愛(かわい)くて好(す)きです。
제 아내는 귀여워서 좋아요. [이유]

단어 妻 [츠마] 아내 | 賢い [카시코이] 현명하다, 지혜롭다

❸ 상황별로 말해보기

연애하더니 좋아 보여.

매일이 즐겁고 행복해요.

> 제시어 楽しい [타노시-] 즐겁다 | 幸せだ [시아와세다] 행복하다
>
> 毎日が楽しくて、幸せです。

일본 여행, 어땠어?

8월의 일본은 더워서 힘들었어요.

> 제시어 暑い [아츠이] 덥다
>
> 8月の日本は暑くて大変でした。

지하철 역이 가까워서 좋지?

이 집은 시끄러워서 좀…….

> 제시어 うるさい [우루사이] 시끄럽다
>
> この家はうるさくてちょっと……。

처음 회화 !

이 집은 넓어서 역시 비싸네요.
この家は広くてやっぱり高いですよね。

네, 그래도 회사까지 가까워서 좋아요.
ええ。でも、会社まで近くていいです。

단어 ▶ 広い [히로이] 넓다 | やっぱり [얍파리] 역시 | ええ [에-] 예(네) | でも [데모] 그래도

Quiz 「くて」를 활용하여 다음 두 개의 문장을 연결해 보세요.

문장1. 여행은 언제나 즐겁다.
문장2. 재미있다.

➡ _____

정답 旅行はいつも楽しくて、おもしろい。

"튀김이 크고 맛있었어."
い형용사 과거 긍정형(반말)

개념체크 다음 중 '비쌌다'를 일본어로 바르게 표기한 것은 무엇인가요?

① たかかった　　② たかった　　③ たかいかった

정답 ①('い형용사 어간'에 「かった」를 붙여 '~(ㅆ)어/(ㅆ)다'라는 뜻을 나타내요.)

❶ 오늘의 표현! "~(ㅆ)어"

'い형용사 어간'에 「かった」를 붙이면 い형용사 과거 기본형의 반말 표현으로 '(い형용사)(ㅆ)어/(ㅆ)다'라는 뜻이에요. '귀여웠어', '맛있었어', '좁았어'처럼 지나간 일에 대한 감정이나 감상을 나타낼 때 주로 쓰는 표현이에요.

❷ 한 눈에 구문 보기

예문　涼しい　+　かった　→　涼しかった。
　　　시원(선선)하다　~(ㅆ)어　시원(선선)했어.

Plus 「いい」와 「よい」 두 가지로 발음되는 「良い」는 변형이 있으므로 「よかった」라고 써야 해요. 이때, 「よかった」는 '좋았다(어)'라는 뜻으로 사용되는 반면, 「よかったね」라고 하면 '다행이네'라는 뜻을 나타내요.

단어　涼しい [스즈시-] (기온, 날씨가) 시원하다, 선선하다

❸ 상황별로 말해보기

선물한 잠옷은 어땠어?
편하고 귀여웠어. 고마워!

제시어 楽だ [라쿠다] 편하다, 쉽다

> 楽で、かわいかった。ありがとう!

소개받은 집은 어땠어?
방이 지저분하고 좁았어.

제시어 きたない [키타나이] 지저분하다

> 部屋がきたなくて、せまかった。

저 튀김 맛집 가 봤어?
응, 튀김이 크고 양도 많았어.

제시어 天ぷら [템푸라] 튀김 | 量 [료-] 양

> うん、天ぷらが大きくて、量も多かった。

Plus 「大きい[오-키-]」는 '(크기가) 크다', 「多い[오-이]」는 '(양이) 많다'라는 뜻으로 상황에 따라 구분해서 써야 해요.

처음 회화!

미안, 요즘 좀 바빴어.
ごめん、最近ちょっと忙しかった。

힘들었겠네(고생했네).
大変だったね。

단어 ごめん [고멘] 미안(사과할 때 인사말)

Quiz 다음 문장을 한국어로 해석해 보세요.

祭りは人も多くて、すばらしかった(=すごかった)。
➡ _____

정답 축제는 사람도 많고, 훌륭했어(대단했어).

"오늘은 하루 종일 졸렸어요."
い형용사 과거 긍정형(정중)

개념체크 빈칸에 들어갈 말로 가장 자연스러운 것은 무엇인가요?

もりさんは背が_____。
모리 씨는 키가 컸어요.

① たかいでした
② たかかったでした
③ たかかったです

정답 ③ ('い형용사 어간'에 「かったです」를 붙여 '~(ㅆ)어요/(ㅆ)습니다'라는 뜻을 나타내요.)

❶ 오늘의 표현! "~(ㅆ)어요"

'い형용사 어간'에 「かったです」를 붙이면 い형용사 과거 기본형의 정중한 표현으로 '(い형용사)(ㅆ)어요/(ㅆ)습니다'라는 뜻이에요. '바랐어요', '밝았어요', '졸렸어요'처럼 쓰이며, 앞서 배운 「かった」의 정중한 표현으로 기억해 두세요.

❷ 한 눈에 구문 보기

예문 眠い + かったです → 眠かったです。
졸리다   ~(ㅆ)어요   졸렸어요.

Plus 「いい」와 「よい」 두 가지로 발음되는 「良い」는 변형이 있으므로 「よかったです」라고 써야 해요. 이때, 「よかったです」는 '좋았어요'라는 뜻으로 사용되는 반면, 「よかったですね」라고 하면 '다행이네요'라는 뜻이에요.

단어 眠い [네무이] 졸리다

❸ 상황별로 말해보기

개를 엄청 좋아하네요.

제시어 子どもの時 [코도모노 토키] 어릴 때 | ほしい [호시-] 원하다, 있었으면 좋겠다

어릴 때부터 귀여운 개를 원했어요. ▶ 子どもの時からかわいい犬がほしかったです。

타쿠야 군 여자 친구 어땠어요?

제시어 性格 [세-카쿠] 성격 | 明るい [아카루이] 밝다

그녀는 성격이 밝았어요. ▶ 彼女は性格が明るかったです。

늦게까지 회식했다면서요?

제시어 それで [소레데] 그래서 | 一日中 [이치니치쥬-] 하루 종일

그래서 오늘 하루 종일 졸렸어요. ▶ それで今日は一日中眠かったです。

> Plus '~을/를 원하다, 갖고 싶다'라는 뜻의「…ほしい」는 조사「を」대신「が」를 써서「…がほしい(~을/를 갖고 싶다)」로 활용해요.

처음 회화!

잘 먹었습니다!
おいしかったです!

또 오세요!
またいらしてください!

> Plus 「ごちそうさまでした」와「おいしかったです」모두 '잘 먹었습니다'라는 뜻이에요.

> 단어 また [마타] 또

> Quiz 다음 문장을 한국어로 해석해 보세요.

うどんがラーメンよりおいしかったです。
→ _____

정답 우동이 라면보다 맛있었어요.

69 い형용사 과거 긍정형(정중) **169**

"호텔까지 가까웠어?"
い형용사 과거 의문형(반말)

 개념체크 두 문장은 같은 의미일까요?

今日、楽しかった。	今日、楽しかった？
	○ ✕

정답 ✕ (현재형과 마찬가지로 과거형 또한 문장 끝에 마침표를 쓰면 평서문이 되고, 물음표를 쓰면 의문문이 돼요.)

❶ 오늘의 표현! "~(ㅆ)어?"

'い형용사 어간'에 「かった？」를 붙이면 い형용사 과거 의문형의 반말 표현으로 '(い형용사)(ㅆ)어?'라는 뜻이에요. 평서문일 때도 「かった」라고 동일하게 나타내기 때문에 문장에서 쓸 때는 물음표를 꼭 붙여서 의문형임을 나타내야 하고, 말할 때도 끝 음절을 확실히 올려서 질문임을 나타내야 해요.

❷ 한 눈에 구문 보기

예문 痛い + かった？ → 痛かった？
아프다 ~(ㅆ)어? 아팠어?

冷たい + かった？ → 冷たかった？
차갑다 ~(ㅆ)어? 차가웠어?

단어 痛い [이타이] 아프다 | 冷たい [츠메타이] 차갑다

❸ 상황별로 말해보기

태국 여행을 다녀온 친구에게
타이 마사지 아팠어?

> 제시어 タイマッサージ [타이맛사-지] 타이 마사지
>
> タイマッサージ、痛かった？

역대급 태풍 다음 날
어제 태풍 셌어?(강했어?)

> 제시어 台風 [타이후-] 태풍 | 強い [츠요이] 강하다
>
> 昨日、台風強かった？

여행 후일담 듣기
공항에서 호텔까지 가까웠어?

> 제시어 空港 [쿠-코-] 공항 | 近い [치카이] 가깝다
>
> 空港からホテルまで近かった？

처음 회화

 몸 상태는 어때? 오늘도 안 좋았어(나빴어)?
体調はどう？ 今日も悪かった？

응, 오늘도 엄청 안 좋았어.
うん、今日もめっちゃ悪かった。

Plus '엄청', '매우', '아주'라는 뜻의 「めっちゃ[멧챠]」는 매우 캐주얼한 표현이에요. 실생활에서 가까운 지인들과 편하게 대화할 때 사용하는 표현이니 상황에 맞추어 써야 해요.

단어 体調 [타이쵸-] 몸 상태 | 悪い [와루이] 나쁘다

Quiz 다음 문장을 일본어로 써 보세요.

오늘 점심은 맛있었어?   **단어** お昼 [오히루] 점심(밥)

➔ _____

정답 今日のお昼はおいしかった？

"회식은 즐거웠어요?"
い형용사 과거 의문형(정중)

 개념체크 다음 문장을 만들려면 어떤 순서대로 조합해야 할까요?

맛있었어요?

① ですか　　　② おいし　　　③ かった

정답 ②-③-①(おいしかったですか。)

❶ 오늘의 표현! "~(ㅆ)어요?"

'い형용사 어간'에 「かったですか」를 붙이면 い형용사 과거 의문형의 정중한 표현으로 '(い형용사)(ㅆ)어요?/(ㅆ)습니까?'라는 뜻이에요. 이에 대답할 때는 앞서 배운 'い형용사 어간'+「かったです」를 활용해서 '(い형용사)했어요'라고 말하면 돼요.

❷ 한 눈에 구문 보기

예문 まずい + かったですか → まずかったですか。
　　　맛없다　　　~(ㅆ)어요?　　맛없었어요?

　　　忙しい + かったですか → 忙しかったですか。
いそが　　　　　　　　　　　　　いそが
　　　바쁘다　　　~(ㅆ)어요?　　바빴어요?

단어 まずい [마즈이] 맛없다

❸ 상황별로 말해보기

회식에 못 갔는데 어땠나요?

회식은 즐거웠어요?   >   飲み会は楽しかったですか。

제시어 飲み会 [노미카이] 회식, 술자리

두 사람 히스토리가 궁금해!

두 사람은 언제부터 친했어요?   >   二人はいつから親しかったですか。

제시어 親しい [시타시-] 친하다, 사이가 좋다

극 I인 내 친구

초등학생 때부터 얌전했어요?   >   小学生の時から大人しかったですか。

제시어 大人しい [오토나시-] 얌전하다

> Plus '사이가 좋다'라는 뜻의 「仲(なか)がいい[나카(가)이-]」도 자주 쓰여요.
> Plus 小学生(초등학생)、中学生(중학생)、高校生(고등학생)、大学生(대학생)도 함께 알아두세요!

처음 회화 !

소개팅은 즐거웠나요?
合コンは楽しかったですか。

글쎄요,
そうですね….

> Plus '글쎄요'라는 뜻으로「そうですね」를 말할 땐 끝 음을 내리며 [네]를 길게 발음해요.
> 단어 合コン [고-콘] 소개팅(合同コンパ의 준말)

Quiz 다음 문장을 일본어로 써 보세요.

요즘(최근) 계속 바빴어요?

→ _____

정답 最近ずっと忙しかったですか。

71 い형용사 과거 의문형 (정중)

"그다지 무섭지 않았어."
い형용사 과거 부정형(반말)

개념체크 다음 두 문장의 시제로 올바른 것은 무엇인가요?

A. 有名じゃなかった。　　B. 甘くなかった。

① 현재 부정　　　　② 과거 부정　　　　③ 과거 긍정

정답 ②(A: 유명하지 않았어. / B: 달지 않았어.)

❶ 오늘의 표현! "~지 않았어"

'い형용사 어간'에 「くなかった」를 붙이면 い형용사 과거 부정형의 반말 표현으로 '(い형용사)지 않았어/지 않았다'라는 뜻이에요. '맛있지 않았어', '많지 않았어'처럼 지나간 일에 대한 감상을 부정적으로 나타낼 때에 주로 쓰이는 표현이에요.

❷ 한 눈에 구문 보기

예문
怖い + くなかった → 怖くなかった。
무섭다　 ~지 않았어　　무섭지 않았어.

多い + くなかった → 多くなかった。
많다　 ~지 않았어　　많지 않았어.

단어 怖い [코와이] 무섭다

③ 상황별로 말해보기

어땠어? 안 무서웠어?

이 호러 영화 그다지 무섭지 않았어.

> 제시어 ホラー映画 [호라-에-가] 호러 영화
>
> このホラー映画あまり怖くなかった。

호텔 수영장 어땠어?

수영장은 그다지 깊지 않았어.

> 제시어 プール [푸-루] 수영장 | 深い [후카이] 깊다
>
> プールはあまり深くなかった。

베트남 여행 어땠어?

날씨가 나쁘고, 하늘도 파랗지 않았어.

> 제시어 青い [아오이] 파랗다
>
> 天気が悪くて、空も青くなかった。

처음 회화 !

 이번 시험은 어땠어?
今回の試験はどうだった？

이번에는 그다지 어렵지 않았어.
今回はあまり難しくなかった。

Plus '어땠어'라는 뜻으로 지나간 일에 대한 감상을 물을 때는 「どうだった？」라고 해요.

단어 今回 [콩카이] 이번 | 試験 [시켕] 시험

Quiz 다음 빈칸에 알맞은 말을 써 보세요.

Ⓐ ごめん、うるさ(　　　　　)？
미안, 시끄러웠어?

Ⓑ 大丈夫、あまり(　　　　　)。
괜찮아, 별로 시끄럽지 않았어.

정답 Ⓐ かった Ⓑ うるさくなかった(よ)

"분위기가 좋지 않았어요."
い형용사 과거 부정형(정중)

 개념체크 다음 중 시제가 다른 문장은 무엇인가요?

① 小_{ちい}さくなかったです。
② 小_{ちい}さくありませんでした。
③ 小_{ちい}さくありません。

정답 ③(1, 2번은 과거 부정문이고, 3번만 현재 부정문이에요.)

❶ 오늘의 표현! "~지 않았어요"

'い형용사 어간'에 「くなかったです」를 붙이면 い형용사 과거 부정형의 정중한 표현으로 '(い형용사)지 않았어요/지 않았습니다'라는 뜻이에요. 같은 뜻으로 「…くありませんでした[쿠 아리마센데시타]」가 있는데 이 표현은 주로 문어체로, 「くなかったです」는 주로 회화체로 쓰이기 때문에 두 가지 표현을 함께 기억해 두세요.

❷ 한 눈에 구문 보기

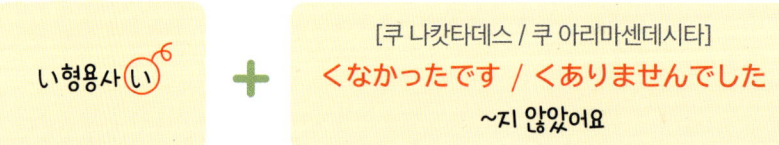

예문 良_よい + くなかったです → 良_よくなかったです。
좋다   ~지 않았어요   좋지 않았어요.

Plus 「いい」와 「よい」 두 가지로 발음되는 「良い」는 변형이 있는 경우 「よい」로 발음하므로 「よくなかったです」라고 말해야 해요.

❸ 상황별로 말해보기

파티에서 두 사람 싸웠다면서요?
그래서 분위기가 좋지 않았어요.

> 제시어 雰囲気 [훙이키] 분위기
> それで、雰囲気がよくなかったです。

첫 우메보시 맛, 어땠어요?
레몬보다 시지 않았어요.

> 제시어 レモン [레몽] 레몬 | 酸っぱい [습파이] 시다
> レモンより酸っぱくなかったです。

할머니에게 기모노 받았다면서요?
네, 그다지 낡지 않았어요.

> 제시어 古い [후루이] 오래되다, 낡다
> はい、あまり古くなかったです。

처음 회화 !

혼자서 괜찮았어요?
一人で大丈夫でしたか。

네, 전혀 무섭지 않았어요.
ええ、全然怖くなかったです。

단어 一人で [히토리데] 혼자서

Quiz 다음 빈칸에 알맞은 말을 써 보세요.

ⓐ 料理がちょっと(　　　　　　　　)。
요리(음식)가 좀 맵죠?

ⓑ いいえ、私は全然(　　　　　　　　)。
아뇨, 저는 전혀 맵지 않았어요.

73 い형용사 과거 부정형(정중)

"설명 어렵지 않았어?"
い형용사 과거 부정 의문형(반말)

개념체크 빈칸에 들어갈 말을 대답을 보며 유추해 보세요.

Ⓐ カレー、_____ ?
Ⓑ ううん、おいしかった。

① おいしい
② おいしかった
③ おいしくなかった

정답 ③ (A: 카레 맛없었어? / B: 아니, 맛있었어.)

❶ 오늘의 표현! "~지 않았어?"

'い형용사 어간'에 「くなかった？」를 붙이면 い형용사 과거 부정 의문형의 반말 표현으로 '(い형용사)지 않았어?'라는 뜻이에요. 평서문일 때도 「くなかった」라고 동일하게 나타내기 때문에 문장에서 쓸 때는 물음표를 꼭 붙여서 의문형임을 나타내야 하고, 말할 때도 끝 음절을 확실히 올려서 질문임을 나타내야 해요.

❷ 한 눈에 구문 보기

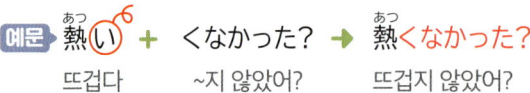

단어 熱い [아츠이] 뜨겁다

❸ 상황별로 말해보기

분노의 선생님

오늘 야마다 선생님 무섭지 않았어?

> 제시어 怖い [코와이] 무섭다
>
> 今日、山田先生、怖くなかった？

하나도 모르겠어…

설명 어렵지 않았어?

> 제시어 説明 [세츠메-] 설명 ｜ 難しい [무즈카시-] 어렵다
>
> 説明、難しくなかった？

헐레벌떡 약속 장소 도착!

나 늦지 않았어?

> 제시어 遅い [오소이] 늦다
>
> 私、遅くなかった？

처음 회화 !

바지 작지 않았어?
ズボン、きつくなかった？

아니, 딱 맞았어.
ううん、ちょうどよかった。

Plus 「ちょうど[쵸-도]」는 '딱', '때마침'이라는 뜻으로 시간, 기한, 맛, 사이즈 등이 딱 맞을 때 사용하는 부사예요.

단어 ズボン [즈봉] 바지 ｜ きつい [키츠이] 꽉 끼다, 버겁다

Quiz 다음 문장을 일본어로 써 보세요.

게이트까지 멀지 않았어?

→ ゲート_____

정답 ゲートまで遠くなかった？

"짐 무겁지 않았어요?"
い형용사 과거 부정 의문형(정중)

개념체크 な형용사 / い형용사의 시제 연결이 옳지 않은 것은 무엇인가요?

① 과거 부정 의문: …じゃありませんでしたか / …くないですか

② 현재 부정 의문: …じゃないですか / …くありませんか

정답 ①("…くないですか"는 현재 부정 의문형이에요.)

❶ 오늘의 표현! "~지 않았어요?"

'い형용사 어간'에 「くなかったですか」를 붙이면 い형용사 과거 부정 의문형의 정중한 표현으로 '(い형용사)지 않았어요?/지 않았습니까?'라는 뜻이에요. 같은 뜻으로 「くありませんでしたか[쿠아리마센데시타카]」가 있는데 이 표현은 주로 문어체로, 「くなかったですか」는 주로 회화체로 쓰이기 때문에 두 가지 표현을 함께 기억해 두세요.

❷ 한 눈에 구문 보기

い형용사 ⓘ + [쿠 나캇타데스카 / 쿠 아리마센네시타카]
くなかったですか / くありませんでしたか
~지 않았어요?

예문 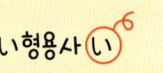 + くなかったですか → くなかったですか。
저렴하다   ~지 않았어요?   저렴하지 않았어요?

단어 安い [야스이] 저렴하다, 싸다

❸ 상황별로 말해보기

자취는 처음이라

제시어 　一人暮らし [히토리구라시] 혼자 삶
　　　　寂しい [사비시-] 외롭다

자취는 외롭지 않았어요? ▶ 一人暮らしは寂しくなかったですか。

이 떡 꺼내둔 지 한참인데

제시어 　餅 [모치] 떡, 찰떡 ｜ 硬い [카타이] 딱딱하다

떡, 딱딱하지 않았어요? ▶ 餅、硬くなかったですか。

트렁크가 두 개나?

제시어 　荷物 [니모츠] 짐 ｜ 重い [오모이] 무겁다

짐, 무겁지 않았어요? ▶ 荷物、重くなかったですか。

처음 회화 !

 여기 음식, 맛이 좀 싱겁지 않았어요?
ここの料理、味がちょっと薄くなかったですか。

네, 근데 맛있었어요.
ええ、でもおいしかったです。

단어 味 [아지] 맛 ｜ 薄い [우스이] 싱겁다, 옅다

Quiz 다음 빈칸에 알맞은 말을 써 보세요.

Ⓐ ホテルの部屋は (　　　　　　　　).
호텔 방은 좁지 않았나요?

Ⓑ いいえ、(　　　　　　　　).
아뇨, 넓었어요.

정답 Ⓐ 狭くなかったですか Ⓑ 広かったです

종합 연습문제

1 다음 질문에 알맞은 답을 골라보세요.

1 다음 중 단어와 뜻이 잘못 연결된 것은?
① おもしろい - 즐겁다
② からい - 맵다
③ ちかい - 가깝다

2 빈칸에 들어갈 말로 옳은 것은?

> さとうさんは背が(　　)ですね。

① 大きい
② 高い
③ 安い

3 다음 문장과 일치하는 일본어 문장은?

> 오늘은 날씨가 좋지 않네요.

① 今日は天気がいくありませんね。
② 今日は天気がいいじゃありませんね。
③ 今日は天気がよくありませんね。

4 다음 중 시제 활용이 올바르지 않은 것은?
① とてもおいしいりんごですね。
② コンサート、よかったですか。
③ あの映画、怖くなかったでしたか。

5 다음 중 대화문이 어색한 것은?
① A: 駅から遠い？
　B: ううん、遠くない。
② A: あの子、かわいいない？
　B: そうだね！かわいいね。
③ A: 新幹線どうだった？
　B: 速くてよかった。

6 다음 문장의 해석으로 옳은 것은?

> 子どもの時はねこがほしかったです。

① 어렸을 때부터 고양이를 갖고 싶어요.
② 어렸을 때는 고양이를 갖고 싶었어요.
③ 어렸을 때는 고양이를 갖고 싶지 않았어요.

2 제시된 문장에 맞게 빈칸을 채워 보세요.

1 이거 뜨거워?

→ _____ ?

2 공항에서 가까운가요?

→ 空港(くうこう) _____ 。

3 오늘은 그다지 춥지 않네.

→ 今日(きょう)は _____ 寒(さむ) _____ ね。

4 케이크는 그다지 달지 않았어요.

→ ケーキは _____ 。

5 상냥하고(착하고) 성실한 사람을 좋아해요.

→ 優(やさ)し _____ 、まじめ _____ 。

6 일본인 친구가 있었으면 좋겠어요.(일본인 친구를 사귀고 싶어요.)

→ 日本人(にほんじん)の友(とも)だち _____ 。

MP3를 들으며 일본어 기초 회화 표현을 말해 보세요.

아라 카와이- 이누데스네
あら、かわいい犬ですね！
어머, 귀여운 강아지네요!

니홍고노 센세-와 혼토-니 야사시-데스
日本語の先生は本当に優しいです。
일본어 선생님은 정말 상냥해요.

타이쵸-가 아마리 요쿠나이
体調があまりよくない。
몸 상태가 그다지 좋지 않아.

코-소쿠바스요리 덴샤노 호-가 하야이데스카
高速バスより電車の方が速いですか。
고속 버스보다 전철이 빠른가요?

깅코-와 코코카라 치카쿠 나이데스카
銀行はここから近くないですか。
은행은 여기에서 가깝지 않나요?

쿠-코-카라 호테루마데 토-캇타
空港からホテルまで遠かった？
공항에서 호텔까지 멀었어?

EPISODE

일본어 동사와 친해지기① '존재동사'

일본어에 '있다'라는 말은 두 개?
존재동사 개념

 개념체크 다음 중 존재동사는 몇 개일까요?

| 있다 | 먹다 | 없다 | 안 먹다 |

정답 2개 ('있다', '없다'로 일본어도 마찬가지예요.)

❶ 존재동사 개념 잡기

오늘은 일본어의 동사 '존재동사'에 대해 알아봐요. 존재동사는 '있다', '없다'라고 해석되어 어떠한 식물, 사물, 사람, 동물, 추상적 개념 등의 유무를 나타내는 동사를 말해요. 일본어에서 존재동사는 생명체와 무생물체, 두 가지로 나뉘어 각각 동사를 달리 사용해요.

있습니다	없습니다	쉽게 구분하기
あります	ありません	1) 동작성 없음(스스로 움직일 수 없음) 2) 사물·식물 / 추상적 개념(시간·약속·문제…)
います	いません	1) 동작성 있음(스스로 움직일 수 있음) 2) 사람·동물

❷ 존재동사와 자주 쓰이는 위치 표현

	上(うえ) 위		下(した) 아래
	中(なか) 안, 속		外(そと) 겉, 밖

<ruby>前<rt>まえ</rt></ruby> 앞		<ruby>後<rt>うし</rt></ruby>ろ 뒤
<ruby>左<rt>ひだり</rt></ruby> 왼쪽		<ruby>右<rt>みぎ</rt></ruby> 오른쪽

	よこ 다른 성질의 것 가로 선상의 옆		となり 같은 성질의 것 이웃 개념	そば 주위, 주변, 곁

	…の<ruby>近<rt>ちか</rt></ruby>く ~근처 예 <ruby>駅<rt>えき</rt></ruby>の<ruby>近<rt>ちか</rt></ruby>く 역 근처	…と…の<ruby>間<rt>あいだ</rt></ruby> ~와 ~사이 예 <ruby>学校<rt>がっこう</rt></ruby>と<ruby>病院<rt>びょういん</rt></ruby>の<ruby>間<rt>あいだ</rt></ruby> 학교와 병원 사이

처음 회화!

테이블 위에 케이크가 있어요.
テーブルの<ruby>上<rt>うえ</rt></ruby>にケーキがあります。

잘 먹을게요!
いただきます!

단어 テーブル [테-부루] 테이블 | ケーキ [케-키] 케이크

Quiz 다음 중 '아래'를 골라 보세요.

　　　なか　　　　　　した

정답 した

"냉장고 안에 달걀이 있어."
존재동사 ある

개념체크 다음 중 「ある」와 함께 쓸 수 없는 명사는?

① こども　　② やくそく　　③ コーラ

정답 ①(「こども」는 '아이'라는 뜻의 생명체이므로 「ある」 동사를 사용할 수 없어요.)

❶ 오늘의 표현! "~에 ~가 있다"

존재동사 「ある」는 '있다'라는 뜻으로 사물이나 식물, 또는 시간·약속·문제 등 추상적 개념의 존재가 있음을 나타내는 동사예요. 이 표현은 주로 어떤 위치에 무엇이 있음을 나타낼 때 사용되기 때문에 장소나 때를 나타내는 조사 「に」와 함께 활용하여 '~에 ~가 있다'라는 표현으로 익혀봐요. 참고로 '없다'라는 뜻의 부정 표현은 「ない」예요.

❷ 한 눈에 구문 보기

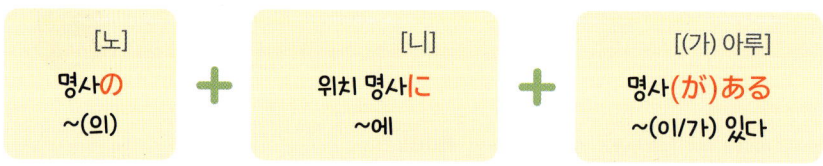

[노]	[니]	[(가) 아루]
명사の	위치 명사に	명사(が)ある
~(의)	~에	~(이/가) 있다

예문 部屋の + 中に + かばんがある → 部屋の中にかばんがある。
방(의)　안에　가방이 있다　방 안에 가방이 있다.

Plus 문장 끝에 물음표를 쓰거나 말할 때 문장의 끝 음을 올리면 의문문으로 활용할 수 있어요.

단어 部屋 [헤야] 방

❸ 상황별로 말해보기

책상 위에 뭐가 있어?
책상 위에 사전이 있어.
> 제시어 机 [츠쿠에] 책상 | 辞書 [지쇼] 사전
> 机の上に辞書があるよ。

냉장고에 먹을 게 있나?
냉장고 안에 달걀과 귤이 있어.
> 제시어 冷蔵庫 [레-조-코] 냉장고 | みかん [미캉] 귤
> 冷蔵庫の中に卵とみかんがあるよ。

편의점은 어디에 있어?
도서관과 은행 사이에 편의점이 있어.
> 제시어 図書館 [토쇼캉] 도서관 | 銀行 [깅코-] 은행
> 図書館と銀行の間にコンビニがあるよ。

Plus 첫 번째 문장은 반대로 「辞書は机の上にある(사전은 책상 위에 있다)」라고 나타낼 수도 있어요.

Plus 「…と[토]」는 '~와/과/랑'이라는 뜻으로 나열할 때 쓰는 조사예요.

처음 회화!

콘센트가 없어.
コンセントがない。

침대랑 TV 사이에 콘센트 있어.
ベッドとテレビの間にコンセントあるよ。

단어 コンセント [콘센토] 콘센트 | ベッド [벳도] 침대 | テレビ [테레비] TV, 텔레비전

Quiz 다음 문장을 한국어로 해석해 보세요.

学校はこの近くにある。 ➡ _____

정답 학교는 이 근처에 있어.

"차 아래에 귀여운 고양이가 있어."
존재동사 いる

개념체크 빈칸에 들어갈 말로 가장 자연스러운 것은 무엇인가요?

家(いえ)にだれか_____。

집에 누군가 있어.

① ある　　　② いる　　　③ うる

정답 ②(생명체가 '있다'라고 할 때는 'いる'를 사용해요.)

❶ 오늘의 표현! "~에 ~가 있다"

오늘은 일본어의 두 번째 존재동사 「いる」에 대해 알아봐요. 「いる」는 '있다'라는 뜻으로 사람이나 동물처럼 동작성이 있는 것이 존재함을 나타내는 동사예요. 이 표현 역시 주로 어떤 위치에 누군가 있음을 나타낼 때 쓰기 때문에 조사와 활용하여 '~에 ~가 있다'라는 표현으로 익혀봐요. 참고로 '없다'라는 뜻의 부정 표현은 「いない」예요.

❷ 한 눈에 구문 보기

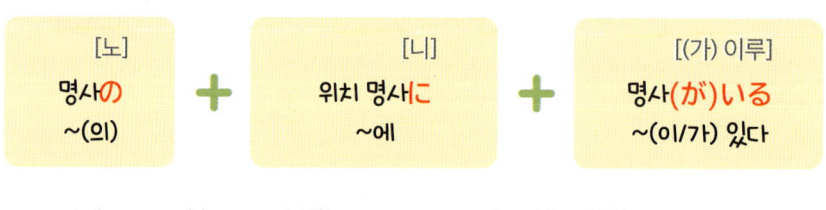

[노]	[니]	[(가) 이루]
명사の	위치 명사に	명사(が)いる
~(의)	~에	~(이/가) 있다

예문 部屋(へや)の + 中(なか)に + 友達(ともだち)がいる → 部屋(へや)の中(なか)に友達(ともだち)がいる。

방(의)　　안에　　친구가 있다　　방 안에 친구가 있다.

Plus 「ある」와 마찬가지로 문장 끝에 물음표를 쓰거나 말할 때 문장의 끝 음을 올리면 의문문으로 활용할 수 있어요.

❸ 상황별로 말해보기

차 아래에 고양이가!

차 아래에 귀여운 고양이가 있어!

제시어 車[쿠루마] 차 | 猫[네코] 고양이

> 車の下にかわいい猫がいる！

교실 안에 누가 있어?

교실 안에 선생님과 학생이 있어.

제시어 教室[쿄-시츠] 교실

> 教室の中に先生と学生がいる。

무섭게 왜 그래!

문 뒤에 누군가 있어.

제시어 ドア[도아] 문 | 誰か[다레카] 누군가

> ドアの後ろに誰かいるよ。

Plus 의문사+「か」 표현을 알아두면 다양하게 활용할 수 있어요.
예) 誰か(누군가)、何か(뭔가)、どこか(어딘가)、いつか(언젠가)

처음 회화!

무슨 일이야?
どうした？

정원 안에 토끼가 있어!
にわの中にうさぎがいる！

단어 どうした？[도-시타] (사건 상황을 물을 때) 무슨 일이야? | にわ [니와] 정원, 마당 | うさぎ [우사기] 토끼

Quiz 빈칸에 들어갈 알맞은 존재동사를 채워 보세요.

❶ トイレの前にいすが(　　　　)。
❷ コンビニの中に友達が(　　　　)。

정답 ❶ ある ❷ いる

"예쁜 꽃이 많이 있어요."
존재동사 ある 기본형(정중)

 개념체크 다음 중 존재동사 「ある」의 정중형으로 옳은 것은?

① あるます   ② ありです   ③ あります

정답 ③

❶ 오늘의 표현! "(사물·식물 등) 있습니다"

오늘은 「ある」의 정중형을 학습해 봐요. 「ある」의 정중형은 「あります」으로 '있습니다'라는 뜻이에요. 사물, 식물, 추상명사 뒤에 「あります」를 붙여 '(사물·식물 등) 있습니다'라고 나타낼 수 있어요. 문장 끝에 「か」를 붙이면 의문문으로 활용할 수 있는데, 특히 일본 여행에서 물건을 찾는 경우와 같이 활용도가 높은 표현이니 꼭 기억해 두세요.

❷ 한 눈에 구문 보기

사물·식물·추상명사 + [아리마스] あります 있습니다

예문 今日はミーティングが + あります
오늘은 미팅이   있어요

→ 今日はミーティングがあります。   오늘은 미팅이 있어요.

단어 ミーティング [미-팅구] 미팅, 모임(비즈니스적 회의를 나타냄, 남녀 간의 미팅은 「合コン」)

❸ 상황별로 말해보기

로커가 비어있나요?
로커에 짐이 있어요.

제시어 ロッカー [록카-] 로커 | 荷物 [니모츠] 짐

> ロッカーに荷物があります。

오늘 수업 많아요?
오늘은 수업이 두 개 있어요.

제시어 授業 [쥬교-] 수업

> 今日は授業が二つあります。

이 꽃집 인기네요!
저 꽃집에는 예쁜 꽃이 많이 있어요.

제시어 花屋 [하나야] 꽃집 | たくさん [탁상] 많이

> あの花屋にはきれいな花がたくさんあります。

Plus 명사+「屋」는 '(명사를 파는) 가게'라는 뜻이에요.
예) 本屋(서점)、薬屋(약국)、寿司屋(초밥집)、パン屋(빵집)

처음 회화!

원래 주말에도 바빠요?
もともと 週末も忙しいですか。

주말에는 시간이 좀 있어요.
週末は少し時間があります。

단어 もともと [모토모토] 원래

Quiz 다음 빈칸에 알맞은 말을 써 보세요.

( )においしいパンが( )。 빵집에 맛있는 빵이 있어요.

정답: パン屋 / あります

내 가족과 타인의 가족은 다르게!
가족 호칭 개념

Plus 존재동사 활용 시 함께 알아두면 좋은 가족 호칭 표현입니다.

개념체크 다음 중 타인의 가족을 존중하여 부르는 표현이 아닌 것은?

① 妹(いもうと)さん ② 弟(おとうと) ③ 息子(むすこ)さん ④ お母(かあ)さん

정답 ②('나의 남동생', 참고로 가족 호칭에서 끝에 「さん」이 들어가는 단어들은 존칭이에요.)

❶ 일본어의 가족 호칭

오늘은 일본어의 '가족 호칭' 개념을 알아봐요. 존재동사를 더 다양하게 활용하기 위해 어휘 표현력을 높이는 시간이에요. 일본에서는 자신의 가족을 타인에게 이야기할 때 쓰는 호칭과, 타인의 가족에 대해 존중하여 말할 때 쓰는 호칭 두 가지가 존재해요. '높이는 호칭'은 나의 가족끼리 있을 때에도 쓸 수 있어요.

1. 자신의 가족 ('나'의 가족)

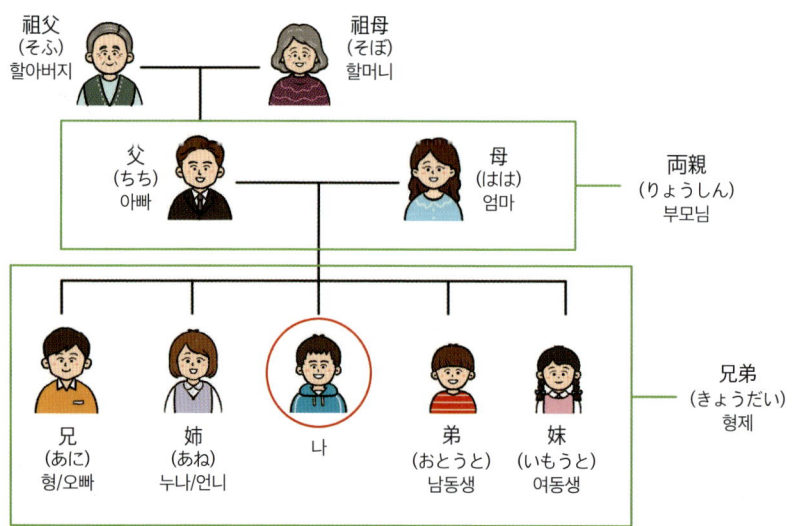

Plus 장음, 촉음을 제대로 발음해야 그 의미를 정확히 전달할 수 있어요.

2. 타인의 가족 ('やまださん'의 가족)

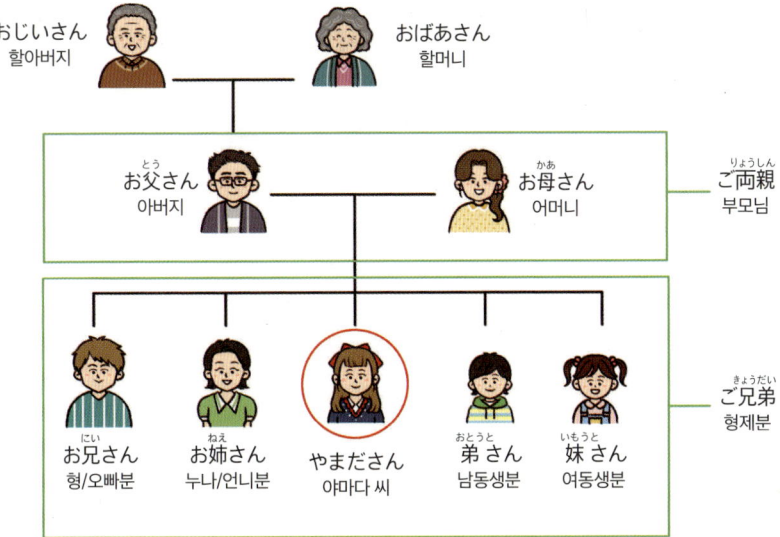

Plus 나의 가족을 말할 때도 위의 표현들을 쓸 수 있어요. 다만 여동생, 남동생처럼 손아래 형제를 나타낼 때는 이름으로 불러요.

단어 方 [카타] 분(사람을 존중해서 가리키는 말)

Quiz 다음 중 '남동생'을 골라 보세요.

　　　おとうと　　　　　いもうと

정답 おとうと

 일본어랑 **81일차**

"누나가 두 명 있어요."
존재동사 いる 기본형(정중)

 음원 듣기

 개념체크 다음 빈칸에 공통으로 들어갈 철자는 무엇일까요?

   きれ_____です。 깨끗해요.
   パンダが_____ます。 판다가 있어요.

① だ ② あり ③ い

정답 ③ い

❶ 오늘의 표현! "(사람·동물 등) 있습니다"

오늘은 「いる」의 정중형을 학습해 봐요. 「いる」의 정중형은 「います」으로 '있습니다'라는 뜻이에요. 사람, 동물 등 동작성을 가진 명사 뒤에 「います」를 붙여 '(사람·동물 등) 있습니다'라고 나타낼 수 있어요. 「あります」처럼 문장 끝에 「か」를 붙이면 의문문으로 활용할 수 있어요.

❷ 한 눈에 구문 보기

사람·동물 ＋ [이마스] います 있습니다

예문 私(わたし)にはかわいらしい娘(むすめ)が一人(ひとり) ＋ います
저에게는 사랑스러운 딸이 한 명   있어요

→ 私(わたし)にはかわいらしい娘(むすめ)が一人(ひとり)います。
저에게는 사랑스러운 딸이 한 명 있어요.

Plus 「に[에]」조사는 생명체 명사 뒤에 쓰이면 '~에게'라는 뜻으로 사용돼요.

❸ 상황별로 말해보기

가족구성원이 어떻게 돼요?

아버지와 어머니와 형(오빠)이 있어요. ▶ 제시어 と [토] ~와/과/랑

父と母と兄がいます。

형제가 몇 명이에요?

누나(언니)가 두 명 있어요. ▶ 제시어 姉 [아네] 누나(언니)

姉が二人います。

반려동물 키워요?

네, 개가 한 마리 있어요. ▶ 제시어 犬 [이누] 개 | 一匹 [입피키] 한 마리

はい、犬が一匹います。

> **Plus** 동물을 세는 단위인 '마리' 표현을 알아봐요.

いっぴき 一匹	にひき 二匹	さんびき 三匹	よんひき 四匹	ごひき 五匹	ろっぴき 六匹	ななひき 七匹	はっぴき 八匹	きゅうひき 九匹	じゅっぴき 十匹
한 마리	두 마리	세 마리	네 마리	다섯 마리	여섯 마리	일곱 마리	여덟 마리	아홉 마리	열 마리

처음 회화 !

가족이 몇 명이에요?
何人家族ですか。

부모님과 여동생 한 명이 있어요.
両親と妹が一人います。

> **Plus** 「何人家族(兄弟)ですか。」는 '가족(형제)이 몇 명이에요?'라는 뜻으로, 가족 구성원을 묻는 표현이에요.

Quiz 다음 빈칸에 알맞은 말을 써 보세요.

かわいい猫(   )犬が(   )。 귀여운 고양이와 강아지가 있어요.

정답 と/います

"아무데도 없어요."
존재동사 ある 부정형(정중)

 개념체크 다음 문장의 뜻으로 옳은 것은?

チケットがありません。

① 티켓이 있습니다.   ② 티켓이 있을까요?   ③ 티켓이 없습니다.

정답 ③(「ありません」은 '(사물·식물 등) 없습니다'라는 뜻이에요.)

❶ 오늘의 표현! "(사물·식물 등) 없습니다"

「ある」의 정중형은 「あります」로 '있습니다'라는 뜻이었죠. 「あります」의 부정형은 사물, 식물, 추상명사 뒤에 「ありません」을 붙여 '(사물·식물 등) 없습니다'라는 뜻으로 사용돼요. 이 표현 역시 문장 끝에 「か」를 붙이면 의문문으로 활용할 수 있어요.

❷ 한 눈에 구문 보기

| 사물·식물·추상명사 | ＋ | [아리마셍]
ありません
없습니다 |

예문 ウェットティッシュが ＋ ありません
　　　　물티슈가　　　　　　없어요

→ ウェットティッシュがありません。
　 물티슈가 없어요.

단어 ウェットティッシュ [웻토팃슈] 물티슈

❸ 상황별로 말해보기

서랍 안에 뭐가 있어요?　　　　제시어　何も [나니모] 아무것도

아무것도 없어요. ＞ 何もありません。

가위 찾았어요?　　　　제시어　どこにも [도코니모] 아무데도(어디에도)

아니요, 아무 데도 없어요. ＞ いいえ、どこにもありません。

혼자 할 수 있어요?　　　　제시어　問題 [몬다이] 문제

네, 문제없어요. ＞ はい、問題ありません。

처음 회화 !

서랍 안에는 뭔가 있어요?
引き出しの中には何かありますか。

종이 한 장도 없어요.
紙一枚もありません。

단어　引き出し [히키다시] 서랍 ｜ 紙 [카미] 종이 ｜ 一枚 [이치마이] 한 장

Quiz　다음 문장을 일본어 부정문으로 써 보세요.

냉장고에 물이 없어요.
→ _____

정답　冷蔵庫に水がありません。

"아무도 없어요."
존재동사 いる 부정형(정중)

개념체크 보통형과 정중형이 올바르게 연결된 것은?

① いない - いません

② かわいい - かわいじゃありません

③ 嫌いだ - 嫌いくないです

 정답 ①(두 표현 모두 생명체에 대한 존재동사로 '없다-없습니다'의 뜻이에요.)

❶ 오늘의 표현! "(사람·동물 등) 없습니다"

「いる」의 정중형은 「います」로 '있습니다'라는 뜻이었죠. 「います」의 부정형은 사람, 동물 뒤에 「いません」을 붙여 '(사람·동물 등) 없습니다'라는 뜻으로 사용돼요. 이 표현 역시 문장 끝에 「か」를 붙이면 의문문으로 활용할 수 있어요.

❷ 한 눈에 구문 보기

사람·동물 ＋ [이마셍] **いません**
(~이/가) 없습니다

예문 大きい動物は ＋ いません → 大きい動物はいません。
　　　큰 동물은　　　　없어요　　　큰 동물은 없어요.

　　　今、先生は ＋ いません → 今、先生はいません。
　　　지금 선생님은　없어요　　　지금 선생님은 없어요.

단어 動物 [도-부츠] 동물

❸ 상황별로 말해보기

모리 씨 집에 있나요?
죄송해요, 지금 집에 없어요.

> 제시어 に [니] ~에(장소·때를 나타내는 조사)
>
> すみません、今、家にいません。

이 산에 곰도 있어요?
아니요, 곰은 없어요.

> 제시어 くま [쿠마] 곰
>
> いいえ、くまはいません。

식당 앞에 웨이팅 있어요?
아니요, 아무도 없어요.

> 제시어 誰も [다레모] 아무도(부정형과 함께 사용)
>
> いいえ、誰もいません。

처음 회화 !

여보세요, 모리 씨 자리에 있나요?
もしもし、森さん、席にいますか。

죄송해요, 자리에 없어요. 오늘 휴무예요.
すみません、席にいません。今日は休みです。

단어 席 [세키] 자리

Quiz 다음 문장을 일본어로 바꿔 써 보세요.

아버지는 집에 없어요. 지금, 회사에 있어요.
➜ _____

정답 ちちは いえに いません。いま、かいしゃに います。

83 존재동사 いる 부정형(정중)

"은행과 병원이 있었어요."
존재동사 ある 과거형(정중)

개념체크 다음 질문에 긍정문으로 대답해 보세요.

会社(かいしゃ)のとなりに公園(こうえん)がありましたか。

→ _____

정답 (질문: 회사 옆에 공원이 있었나요?) はい、ありました。 네, 있었습니다.

❶ 오늘의 표현! "(사물·식물 등) 있었습니다"

「ある」의 과거형 정중 표현은 사물, 식물, 추상명사 뒤에 「ありました」를 붙여 '(사물·식물 등) 있었습니다'라는 뜻을 나타내요. 원래 있었던 것이 지금은 없다는 것을 나타낼 때 쓸 수 있어요. 이 표현 역시 문장 끝에 「か」를 붙이면 의문문으로 활용할 수 있어요.

❷ 한 눈에 구문 보기

| 사물·식물·추상명사 | ＋ | [아리마시타]
ありました
있었습니다 |

예문 夜(よる)、事故(じこ)が ＋ ありました → 夜(よる)、事故(じこ)がありました。
밤에 사고가   있었어요   밤에 사고가 있었어요.

Plus 시간을 나타내는 표현인 「朝(あさ)(아침)、昼(ひる)(점심)、夜(よる)/晩(ばん)(저녁)」을 함께 알아두세요.

단어 事故(じこ) [지코] 사고

❸ 상황별로 말해보기

타쿠야 군은 차가 없어요?
전에는 오토바이가 있었어요.
> 제시어 バイク [바이쿠] 바이크, 오토바이
> 前はバイクがありました。

왜 이렇게 바빴어요?
아침부터 회의가 있었어요.
> 제시어 朝 [아사] 아침 | 会議 [카이기] 회의
> 朝から会議がありました。

예전에 이곳엔 뭐가 있었어요?
은행과 병원이 있었어요.
> 제시어 銀行 [깅코-] 은행 | 病院 [뵤-잉] 병원
> 銀行と病院がありました。

> **Plus** '앞'이라는 뜻의 「前[마에]」는 위치상의 의미 외에 시간상의 의미로도 쓰일 수 있어요. 이때 '전에'라는 의미로 쓰일 때는 '~에'를 뜻하는 조사 「に」를 쓰지 않아요.

처음 회화 !

얼굴이 안 좋네요. 무슨 일 있어요?
顔が悪いですね。どうしたんですか。

요즘 힘든 일이 있었어요.
最近、大変なことがありました。

> **단어** 大変だ [타이헨다] 힘들다, 큰일이다

Quiz 다음 문장을 일본어로 바꿔 써 보세요.

어제 친구의 결혼식이 있었어요.
→ _____

정답 昨日、友だちの結婚式がありました。

"동물원에 기린이 있었어요."
존재동사 いる 과거형(정중)

개념체크 다음 보기 중 긍정을 나타내는 표현은?

① いました   ② いません   ③ いませんでした

정답 ①('있었습니다'라는 뜻으로 1번만 긍정문이고 나머지 두 표현은 부정문이에요.)

❶ 오늘의 표현! "(사람·동물 등) 있었습니다"

「いる」의 과거형 정중 표현은 사람, 동물 뒤에 「いました」를 붙여 '(사람·동물 등) 있었습니다'라는 뜻을 나타내요. 원래 있었던 사람이나 동물 등의 생명체가 지금은 없다는 것을 나타낼 때 쓸 수 있어요. 이 표현 역시 문장 끝에 「か」를 붙이면 의문문으로 활용할 수 있어요.

❷ 한 눈에 구문 보기

사람·동물 **+** [이마시타] いました / 있었습니다

예문
前(まえ)は彼女(かのじょ)が **+** いました → 前は彼女が いました。
전에는 여자 친구가 / 있었어요 / 전에는 여자 친구가 있었어요.

公園(こうえん)に子(こ)どもが **+** いました → 公園に子どもが いました。
공원에 아이가 / 있었어요 / 공원에 아이가 있었어요.

단어 彼女(かのじょ) [카노죠] 여자 친구

❸ 상황별로 말해보기

동물원은 어땠어요? 제시어 とら [토라] 호랑이 | キリン [키린] 기린

동물원에 호랑이나 기린 등이 있었어요. ▶ 動物園にとらやキリンなどがいました。

어제 회식 인원 많았다면서요? 제시어 社長 [샤쵸-] 사장(님) | 部長 [부쵸-] 부장(님)

어제 회식에 사장님과 부장님도 있었어요. ▶ 昨日の飲み会に社長と部長もいました。

혹시 이 고양이 보셨어요? 제시어 さっき [삭키] 아까, 조금 전

아까 의자 밑에 있었어요. ▶ さっき、いすの下にいました。

> **Plus** 「…や…など」는 '~이나 ~등'이라는 뜻으로 두 가지 이상의 것들 중에서 두세 개 정도만 예로 들어 말할 때 쓰는 표현이에요.

처음 회화 !

여기 벌레가 있었어요!
ここに虫がいました!

앗! 무슨 벌레였어요!?
え! 何の虫でしたか!?

단어 虫 [무시] 벌레 | え [에] 앗(놀랄 때 감탄사) | 何の [난노] 무슨

Quiz 다음 문장을 일본어로 바꿔 써 보세요.

아침부터 가게 앞에 손님이 많이 있었어요.
➡ _____

정답 朝から店の前にお客さんがたくさんいました。

"연락이 없었어요."
존재동사 ある 과거 부정형(정중)

개념체크 빈칸에 공통으로 들어갈 말은?

- キリンじゃありません_____。
- 広くありません_____。
- かばんにケータイがありません_____。

정답 でした (부정형 「…ありません」 뒤에 추가로 올 수 있는 표현은 과거 부정 「でした」 밖에 없어요.)

❶ 오늘의 표현! "(사물·식물 등) 없었습니다"

「ある」의 과거 부정형 정중 표현은 사물, 식물, 추상명사 뒤에 「ありませんでした」를 붙여 '(사물·식물 등) 없었습니다'라는 뜻을 나타내요. 이 표현 역시 문장 끝에 「か」를 붙이면 의문문으로 활용할 수 있어요.

❷ 한 눈에 구문 보기

사물·식물·추상명사 ＋ [아리마센데시타] **ありませんでした** 없었습니다

예문 何の心配も ＋ ありませんでした
　　　　아무 걱정도　　　없었어요

→ 何の心配もありませんでした。
　　아무 걱정도 없었어요.

Plus 「何の」는 '아무, 어느, 어떤, 무슨'이라는 뜻으로 뒤에 부정형이 놓여요.

단어 心配 [심파이] 걱정, 근심, 염려

❸ 상황별로 말해보기

주말에 집에만 있었어요?　　　　　제시어　約束 [약소쿠] 약속

네, 어제는 약속이 없었어요.　▷　はい、昨日は約束がありませんでした。

그 카페는 잘 찾았어요?　　　　　제시어　デパート [데파-토] 백화점 | 隣 [토나리] 옆

카페는 백화점 옆에 없었어요.　▷　カフェはデパートの隣にありませんでした。

그는 언제부터 연락이 없어요?　　제시어　夕べ [유-베] 어젯밤, 어제 저녁 | 連絡 [렌라쿠] 연락

어젯밤부터 연락이 없었어요.　▷　夕べから連絡がありませんでした。

처음 회화 !

아침밥 먹었어요?
朝ごはん、食べましたか。

아뇨, 집에 아무것도 없었어요.
いいえ、家に何もありませんでした。

단어 ▶ 朝ごはん [아사고항] 아침밥

Quiz 다음 문장을 일본어로 바꿔 써 보세요.

예전부터 집에 TV가 없었어요.

➡ _____

정답 昔から家にテレビがありませんでした。

"가게에 점원이 없었어요."
존재동사 いる 과거 부정형(정중)

개념체크 빈칸에 들어갈 말로 가장 자연스러운 것은 무엇인가요?

どこにも _____ でした。
어디에도 없었어요.

① いません   ② います   ③ いました

정답 ① いません (「います」의 과거 부정형에도 「いません」이 들어가요.)

❶ 오늘의 표현! "(사람·동물 등) 없었습니다"

「いる」의 과거 부정형 정중 표현은 사람, 동물 뒤에 「いませんでした」를 붙여 '(사람·동물 등) 없었습니다'라는 뜻을 나타내요. 이 표현 역시 문장 끝에 「か」를 붙이면 의문문으로 활용할 수 있어요.

❷ 한 눈에 구문 보기

사람·동물 + [이마센데시타] いませんでした 없었습니다

예문
悪い上司は + いませんでした → 悪い上司はいませんでした。
나쁜 상사는   없었어요   나쁜 상사는 없었어요.

駅に彼は + いませんでした。→ 駅に彼はいませんでした。
그는 역에   없었어요   그는 역에 없었어요.

단어 悪い [와루이] 나쁘다 | 上司 [죠-시] 상사

③ 상황별로 말해보기

화장품 샀어요? 제시어 店員 [텡잉] 점원

아뇨, 가게에 점원이 없었어요. ▶ いいえ、お店に店員がいませんでした。

그는 잘 만났어요? 제시어 駅 [에키] 역

토모나 씨는 역 앞에 없었어요. ▶ ともなさんは駅の前にいませんでした。

이 공원에 토끼가 있다던데요? 제시어 昔 [무카시] 예전

네? 예전부터 없었어요. ▶ え？ 昔からいませんでしたよ。

Plus 「店(가게 점)」가 혼자 쓰일 때는 「みせ」라고 발음하고, 다른 한자와 쓰일 때는 「てん」이라고 발음해요.

처음 회화 !

반에 아무도 없었어요?
クラスに誰もいませんでしたか。

네, 아무도 없었어요.
はい、誰もいませんでした。

단어 クラス [쿠라스] 반, 클래스

Quiz 다음 문장을 일본어로 바꿔 써 보세요.

공원에는 개가 없었어요.

➜ _____

정답 こうえんにはいぬがいませんでした。

EPISODE 6 종합 연습문제

1 다음 질문에 알맞은 답을 골라보세요.

1 일본어의 존재동사에 대한 설명으로 옳지 않은 것은?
① 존재동사란 어떠한 대상의 존재 유무를 나타내는 동사이다.
② 일본어에 존재동사는 두 개이다.
③ '문제'와 같은 추상적 명사는 'ある'를 사용할 수 없다.

2 다음 중 성격이 다른 것은?
① 店
② お客さん
③ テーブル

3 한국어 뜻과 일본어 연결이 잘못된 것은?
① 오른쪽 - ひだり
② 뒤 - うしろ
③ 밖 - そと

4 빈칸에 들어갈 말로 옳은 것은?

> A: 車に (a) いましたか。
> B: いいえ、だれも (b)。

① a. だれか　b. いません
② a. なにか　b. いませんでした
③ a. だれか　b. いませんでした

5 다음 문장을 일본어로 맞게 표기한 것은?

> 은행과 백화점 사이에 꽃집이 있었어요.

① 銀行とデパートの横に花屋がある。
② 銀行とデパートの横に花屋があります。
③ 銀行とデパートの間に花屋がありました。

6 다음 중 대화의 흐름이 어색한 것은?
① A: ロッカーに何がありましたか。
　 B: 何もありませんでした。
② A: 車の中に誰かいる？
　 B: ううん、誰もない。
③ A: こちらは私の母です。
　 B: お母さん、こんにちは。

2 제시된 문장에 맞게 빈칸을 채워 보세요.

1 오늘 약속 있어?

→ _____ 約束 _____ ?

2 온천은 몇 층에 있나요?

→ 温泉は何階 _____ 。

3 형제가 있나요?

→ _____ が _____ 。

4 전보다 관광객이 많이 있었어요.

→ _____ 観光客がたくさん _____ 。

5 이 축제는 언제부터 있었나요?

→ この祭りは _____ 。

6 프론트에 아무도 없었어요?

→ フロントに _____ 。

MP3를 들으며 일본어 기초 회화 표현을 말해 보세요.

츠쿠에노 우에니 지쇼가 아루요
机の上に辞書があるよ。
책상 위에 사전이 있어.

치치토 하하토 아니가 이마스
父と母と兄がいます。
아버지와 어머니와 형이 있어요.

이-에 도코니모 아리마셍
いいえ、どこにもありません。
아니요, 아무 데도 없어요.

마에와 바이쿠가 아리마시타
前はバイクがありました。
전에는 오토바이가 있었어요.

삭키 이스노 시타니 이마시타
さっき、いすの下にいました。
아까 의자 밑에 있었어요.

유-베카라 렌라쿠가 아리마센데시타
夕べから連絡がありませんでした。
어젯밤부터 연락이 없었어요.

EPISODE 7

일본어 동사와 친해지기②
'1, 2, 3그룹 동사 활용'

일본어는 동사가 세 종류?
동사 개념

개념체크 다음 중 동사는 몇 개일까요?

好きだ 좋아하다   好む 좋아하다   散歩する 산책하다

정답 2개(好む 좋아하다, 散歩する 산책하다)

❶ 동사 개념 잡기

| 동사 | 動 움직일 동
詞 말씀 사 → 사람이나 사물의 움직임을 나타내는 말 |

오늘은 일본어의 동사에 대해 알아봐요. 동사는 '~하다'라고 해석되어 사람이나 사물의 움직임을 나타내는 품사예요. 일본어 문장에서 대부분의 문법은 동사를 활용하기 때문에 동사의 역할은 매우 크며 중요해요. 그럼 우선 동사의 기본 개념부터 정리해 봐요.

구분	설명	예
모양적 특징	う단으로 끝나요.	いく、まつ、のむ、たべる
해석	'~다'로 끝나요.	가다, 기다리다, 마시다, 먹다
활용	'희망, 권유, 제안' 등 자신의 생각을 다양한 문법으로 활용 가능해요.	가고 싶습니다, 가도 됩니다, 가서는 안 됩니다
종류	1그룹, 2그룹, 3그룹으로 나뉘어요.	다음 표 확인

❷ 1그룹, 2그룹, 3그룹! 초간단 구분법

일본어의 동사는 1~3그룹으로 나뉘어요. 각 그룹에 따라 상황별로 다양하게 동사를 활용할 수 있으니 잘 기억해 둬야 해요.

구분	특징	예시
1그룹	구분1) …る로 끝나지 않는 동사 う・く(ぐ)・す・つ・ぬ・ぶ・む로 끝나는 동사 구분2) …る로 끝나는 동사 あ단, う단, お단+る 2, 3그룹이 아닌 나머지 동사는 모두 1그룹이에요. 예외 1그룹 모양새는 2그룹이지만 몇몇 동사는 예외적으로 1그룹에 속하므로 암기해야 해요.	行く 가다 待つ 기다리다 話す 말하다 乗る 타다 入る 들어가다(오다) 帰る 돌아가다(오다)
2그룹	い단 / え단+る …る로 끝나고 앞 글자가 い단이나 え단이면 2그룹이에요.	見る 보다 食べる 먹다
3그룹	「する(하다)」/「来る(오다)」 많은 동사 중 단 두 개의 동사만 3그룹에 속하며, 불규칙한 성격을 갖고 있어 '불규칙 동사'라고 부르기도 해요.	する 하다 来る 오다

처음 회화!

료지 씨도 가나요?
りょうじさんも行きますか。

아마 갈 거예요.
たぶん行くと思います。

Quiz 다음 동사가 각각 몇 그룹 동사에 속하는지 써 보세요.

行く ___그룹   来る ___그룹   食べる ___그룹

정답 1그룹 / 3그룹 / 2그룹

"매일 일본어 공부해."
3그룹 동사 활용

 개념체크 다음 중 동작성 명사가 아닌 것은 무엇인가요?

① しょくじ 식사　　② べんきょう 공부　　③ かんたん 간단

정답 ③ (1, 2번은 그 자체가 동작성을 갖는 동작성 명사예요. 3번은 행동이 아닌 특성을 나타내고 있고 な형용사에 속해요.)

❶ 3그룹 동사

동사 1, 2, 3그룹 중 비교적 간단한 3그룹부터 순서대로 알아봐요. 3그룹 동사는 「する(하다)」와 「来る(오다)」 두 단어만 속하는데 이 두 동사는 문법적인 변화가 있을 때 1, 2그룹과는 달리 규칙성이 없어 따로 암기해야 하는 동사예요. 따라서 불규칙 동사라고 부르기도 해요.

する	来る(くる)
하다	오다

예문 新年(しんねん)からダイエットを ＋ する ➡ 新年からダイエットをする。
새해부터 다이어트를　　　　　 하다　　새해부터 다이어트를 한다.

新年から一緒(いっしょ)にダイエット ＋ する ➡ 新年から一緒にダイエットする？
새해부터 같이 다이어트　　　　　　　　하다　　새해부터 같이 다이어트를 할래?

Plus 「する(하다)」는 '쇼핑을 하다', '운동을 하다'와 같이 동작성 명사와 함께 쓰여요.

Plus 일본어 동사는 모두 반말형에서 말 끝을 올리면 의문형으로 쓸 수 있어요.

단어 新年(しんねん) [신넨] 새해, 신년 ｜ 一緒(いっしょ)に [잇쇼니] 같이, 함께 ｜ ダイエット [다이엣토] 다이어트

❷ 상황별로 말해보기

일본어 공부 자주 해?   제시어 勉強 [벵쿄-] 공부

> 매일 일본어 공부를 해. > 毎日、日本語の勉強をする。

쉬는 날엔 뭐 해?   제시어 時々[토키도키] 가끔 | 散歩する [삼뽀스루] 산책하다

> 가끔 동네를 산책해. > 時々、町を散歩する。

미키 씨 옆에 애인인가?   제시어 いつも [이츠모] 항상 | 恋人 [코이비토] 애인

> 미키 씨는 항상 애인이랑 와. > みきさんはいつも恋人と来る。

Plus 빈도를 나타내는 다양한 '빈도부사'

いつも	よく	時々	たまに	ほとんど	全然
항상	자주	가끔, 때때로	가끔, 드물게	거의	전혀

처음 회화 !

주말에는 뭐 해?
週末は何する?

나는 거의 데이트해.
私はほとんどデートする。

단어 デート [데-토] 데이트

Quiz 빈도부사와 불규칙 동사를 활용하여 빈칸을 채워 보세요.

このカフェには誰と_____?
이 카페에는 누구랑 자주 와?

정답 よく来る

"한가할 때는 영화관에서 영화 봐."
2그룹 동사 활용

 개념체크 다음 중 다른 그룹에 속하는 동사는 무엇인가요?

① する   ② 見る   ③ 来る

정답 ②('見る'는 2그룹이고, 1번과 3번은 3그룹에 속해요.)

❶ 2그룹 동사

동사 1, 2, 3그룹 중 오늘은 2그룹 동사에 대해 알아봐요. 2그룹 동사는 い단이나 え단 뒤에 る가 놓이는 동사 그룹이에요.

| い단+る | 起きる 일어나다 ｜ 着る 입다… |
| え단+る | 食べる 먹다 ｜ 寝る 자다… |

예문 本はどこで + 借りる → 本はどこで借りる?
  책은 어디에서   빌리다   책은 어디에서 빌려?

  本は図書館で + 借りる → 本は図書館で借りる。
  책은 도서관에서   빌리다   책은 도서관에서 빌려.

Plus 조사 「で」는 다음과 같이 상황에 따라 다양한 의미를 가져요.

용법1. 장소+で: ~에서   예) 駅で 역에서
용법2. 수단/방법+で: ~(으)로   예) カードで 카드로
용법3. 수량/규모+で: ~(해)서, ~이서 예) 全部で 전부해서 ｜ 二人で 둘이서

단어 借りる [카리루] 빌리다

❷ 상황별로 말해보기

가족 중에 누가 제일 일찍 일어나?
제시어 起きる [오키루] 일어나다

가족 중에서 엄마가 제일 일찍 일어나. ▷ 家族の中で母が一番早く起きる。

한가할 땐 뭐 해?
제시어 映画館 [에-가칸] 영화관

한가할 때는 영화관에서 영화를 봐. ▷ ひまな時は映画館で映画を見る。

일본에서는 설날에 뭐 먹어?
제시어 お正月 [오쇼-가츠] 정월(설날)

일본에서는 설날에 오세치 요리를 먹어. ▷ 日本ではお正月におせち料理を食べる。

> **Plus** '~에서'라는 뜻의 조사 「で」와 '~은/는'이라는 뜻의 조사 「は」를 붙여 「장소+では」라고 하면 '~에서는' 이라는 뜻을 나타내요.
>
> **Plus** 「おせち料理[오세치 료-리]」는 일본의 새해 전통 식문화로, 가지각색의 일본 요리를 찬합에 예쁘게 담은 것을 말해요.

처음 회화 !

보통 몇 시에 자?
普通、何時に寝る？

나는 매일 10시에 자.
私は毎日10時に寝る。

단어 何時 [난지] 몇 시 | 時 [지] 시, 때, 시간, 시각 | 寝る [네루] 자다

Quiz 2그룹 동사를 활용하여 빈칸을 채워 보세요.

毎朝、なっとうを＿＿＿＿＿＿＿。
매일 아침 낫토를 먹어.

정답 食べる

"토모나랑은 일본어로 얘기해."
1그룹 동사 활용

 음원 듣기

 개념체크 다음 각 조사의 뜻은 무엇인가요?

① を _____   ② に _____   ③ と _____

정답 ① ~을/를 ② ~에(게) ③ ~와/과/랑

❶ 1그룹 동사

동사 1, 2, 3그룹 중 오늘은 1그룹 동사에 대해 알아봐요. 1그룹 동사에 해당하는 동사는 2, 3그룹에 비해 그 수가 가장 많아요. 따라서 주요 특징을 구분해서 암기해 두세요.

る로 끝나지 않는 동사	会<ruby>う</ruby> 만나다 | 行<ruby>く</ruby> 가다 | 泳<ruby>ぐ</ruby> 수영하다 | 話<ruby>す</ruby> 이야기하다 | 待<ruby>つ</ruby> 기다리다 | 死<ruby>ぬ</ruby> 죽다 | 遊<ruby>ぶ</ruby> 놀다 | 飲<ruby>む</ruby> 마시다…
る로 끝나는 동사 あ、う、お단 + る	上が<ruby>る</ruby> 올라가다 | 作<ruby>る</ruby> 만들다 | 乗<ruby>る</ruby> 타다…
예외 1그룹 동사	帰<ruby>る</ruby> 돌아가다(오다) | 入<ruby>る</ruby> 들어가다(오다)

예문 海に行って + 泳ぐ → 海に行って泳ぐ?
바다 가서   수영하다   바다 가서 수영할래?

단어 泳ぐ [오요구] 수영하다

❷ 상황별로 말해보기

우에노 공원에는 왜 가?　　　　　　　제시어　上野公園 [우에노코-엔] 우에노 공원

우에노 공원에서 여자 친구를 만나.　▷　上野公園で彼女に会う。

어떤 언어로 얘기해?　　　　　　　　제시어　話す [하나스] 이야기하다

토모나랑은 일본어로 얘기해.　　　▷　ともなちゃんとは日本語で話す。

하교길은 누구랑?　　　　　　　　　제시어　帰る [카에루] 돌아가다(오다)

항상 아야나랑 같이 돌아가.　　　　▷　いつもあやなちゃんと一緒に帰る。

> **Plus** 「乗る(타다)、会う(만나다)、行く(가다)」 이 세 가지 동사는 「を」조사 대신 「に」조사를 쓰되 해석을 '~을/를'로 하는 예외적인 동사예요. '타고 만나러 간다'라고 외워 보세요.

처음 회화 ❗

아랑아! 학교에서는 누구랑 놀아?
アランちゃん!学校では誰と遊ぶ？

도현이랑 놀아.
ドヒョン君と遊ぶ。

단어 遊ぶ [아소부] 놀다

> **Quiz** 1그룹 동사를 활용하여 빈칸을 채워 보세요.

お酒は週に何回 _____?
술은 주에 몇 번 마셔?

정답 飲む?

언제! 몇 시! 몇 분!
시간과 때 표현

 동사 활용 시 함께 알아두면 좋은 시간 관련 표현입니다.

 개념체크 다음 중 '아침'을 일본어로 맞게 표기한 것은 무엇인가요?

① よる　　　　② あさ　　　　③ ひる

정답 ②(1번은 '저녁, 밤', 3번은 '점심, 낮'을 가리켜요.)

❶ 때를 나타내는 말

오늘은 일본어의 때와 시간을 나타내는 표현을 학습해 봐요. 동사 표현을 활용할 때 언제 무엇을 하는지 와 같은 식으로 자주 활용되기 때문에 알아두면 좋아요. 다음 제시되는 어휘 외에도 때를 나타내는 다양 한 표현들은 나올 때마다 암기해 두세요.

오전	오후	아침	낮, 점심	저녁, 밤
午前(ごぜん)	午後(ごご)	朝(あさ)	昼(ひる)	夜(よる)·晩(ばん)

정각	반	지남	정도	경, 무렵, 쯤
ちょうど	半(はん)	過(す)ぎ	く(ぐ)らい	ごろ

예문 午前(ごぜん)は7時(じ)ぐらいに朝(あさ)ごはんを食(た)べる。
　　　 오전에는 7시쯤에 아침밥을 먹는다.

❷ 시간을 나타내는 말

시간을 나타낼 때 '시'는 「時(じ)」를, '분'은 「分(ふん·ぷん)」을 사용합니다. 다음 표를 암기해 보고 다른 색으로 표시된 것은 예외이므로 주의하세요.

1) 시 時(じ)

1時	2時	3時	4時	5時	6時
いちじ	にじ	さんじ	よじ	ごじ	ろくじ
7時	8時	9時	10時	11時	12時
しちじ	はちじ	くじ	じゅうじ	じゅういちじ	じゅうにじ

Plus 숫자 '4'를 「よ」로 읽는 조수사: 4人(4명)、4時(4시)、4年(4년)、4円(4엔)

2) 분 分(ふん·ぷん)

1分	2分	3分	4分	5分	6分
いっぷん	にふん	さんぷん	よんぷん	ごふん	ろっぷん
7分	8分	9分	10分	11分	20分
ななふん	はっぷん	きゅうふん	じゅっぷん	じゅういっぷん	にじゅっぷん

처음 회화 !

몇 시 몇 분에 끝나?
何時何分に終わる？

8시 반에 끝나.
8時半に終わる。

단어 何分 [남풍] 몇 분

Quiz '4시'에 해당되는 일본어를 골라 보세요.

よんじ　　　よじ

정답 よじ

"비행기는 4시에 탈 거야."
시간 표현 및 동사 활용

> **개념체크** 다음 문장의 해석으로 옳지 않은 것은 무엇인가요?
>
> べんきょうをする。
>
> ① 공부를 한다.　　② 공부를 할 거야.　　③ 공부를 해.
>
> **정답** X(문맥상 일치한다면 세 가지 모두를 의미할 수 있어요. 다만 더 명확한 구분을 위해 시간 관련 어휘를 써주는 것이 좋아요.)

❶ 시간 표현과 동사 활용

일상생활에서 시간 관련 표현과 동사 표현은 자주 결합되어 쓰이기 때문에 다양한 방식으로 익숙해지면 좋아요. 오늘은 시간 표현과 함께 동사 활용을 연습해 봐요. 특히 일본어는 미래시제와 습관을 나타내는 경우에 변형 없이 현재형 그대로에서 시간을 나타내는 명사와 함께 쓰여 미래형이나 습관을 나타낼 수 있는 점에 유의하세요.

현재	パンを食べる。 빵을 먹어. 今も寝る。 지금도 자.
미래	明日はパンを食べる。 내일은 빵을 먹을 거야. 今日から、早く寝る。 오늘부터 일찍 잘 거야.
습관	毎朝、パンを食べる。 매일 아침 빵을 먹어. 毎日、早く寝る。 매일 일찍 자.

Plus 毎日(매일)、毎週(매주)、毎月(매달)、毎年(매년)、毎朝(매일 아침)、毎晩(매일 밤)

단어 パン [팡] 빵 | 毎朝 [마이아사] 매일 아침

❷ 상황별로 말해보기

비행기 몇 시에 타?
> 제시어 飛行機 [히코-키] 비행기

비행기는 4시에 탈 거야.
> 飛行機は4時に乗る。

운동하고 언제쯤 돌아가?
> 제시어 大体 [다이타이] 대개, 대략, 대충

대체로 오후 5시쯤에 돌아가.
> 大体、午後5時ぐらいに帰る。

미즈노 군, 운동해?
> 제시어 ジム [지무] 헬스, 짐

매일 아침 헬스를 가.
> 毎朝、ジムに行く。

처음 회화 !

엄마, 내일 메뉴는 뭘로 할 거야?
お母さん、明日のメニューは何にする？

내일은 있지, 오므라이스로 할 거야.
明日はね、オムライスにするわ。

Plus 「명사+にする(~로 하다)」는 선택 사항을 말할 때 사용해요.

단어 オムライス [오무라이스] 오므라이스

Quiz 각각 미래형과 습관형 문장을 만들어 보세요.

❶ 내일은 영화를 볼 거야. [미래형]
　→ _____

❷ 주말은 항상 영화를 봐. [습관형]
　→ _____

정답 ❶ 明日は映画を見る。 ❷ 週末はいつも映画を見る。

93 시간 표현 및 동사 활용 **225**

종합 연습문제

1 다음 질문에 알맞은 답을 골라보세요.

1 다음 중 일본어 동사에 대한 설명으로 옳지 않은 것은?
　❶ 대상의 움직임을 '동사'라고 한다.
　❷ 일본어의 동사는 い단으로 끝나는 공통점이 있다.
　❸ '가다', '놀다', '하다'와 같이 '-다'로 해석된다.

4 다음 중 일본어로 잘못 표기된 것은?
　❶ 9시 9분 - きゅうじ　きゅうふん
　❷ 7시 3분 - しちじ　さんぷん
　❸ 4시 10분 - よじ　じゅっぷん

2 그룹별로 연결한 것으로 옳지 않은 것은?
　❶ 買う - 書く
　❷ あそぶ - 待つ
　❸ 食べる - 飲む

5 대화의 흐름이 어색한 것은?
　❶ A: ゆと君、運動する？
　　 B: うん、たまにする。
　❷ A: ひなちゃんとよく会う？
　　 B: うん、時々会う。
　❸ A: 旅行はよく行く？
　　 B: うん、全然行く。

3 다음 중 2그룹이 아닌 것을 고르세요.
　❶ 教える - 가르치다
　❷ 覚える - 외우다, 기억하다
　❸ 帰る - 돌아가(오)다

6 다음 중「で」조사의 활용이 잘못된 것은?
　❶ 会社の前できれいなカフェがあります。
　❷ 学校まで地下鉄で行く。
　❸ なまえはボールペンで書く。

2 제시된 문장에 맞게 빈칸을 채워 보세요.

1 아침밥은 항상 달걀프라이와 우유를 마셔.

→ 朝ご飯は _____ たまごやきとぎゅうにゅうを飲む。

2 정각 11시에 역 앞에서 만날까?

→ _____ 11時 _____ 駅 _____ 前 _____ ?

3 오후 3시에 신칸센을 타.

→ _____ 新幹線 _____ 乗る。

4 피크닉은 친구 4명이서 가.

→ ピクニックは友だち _____ 。

5 많은 사람들은 매일 아침 물을 한 잔 마신다.

→ 多くの人は _____ 水をいっぱい _____ 。

6 내일부터 일본어 공부를 열심히 할 거야.

→ 明日 _____ 日本語の勉強をいっしょうけんめい _____ 。

MP3를 들으며 일본어 기초 회화 표현을 말해 보세요.

타분 이쿠토 오모이마스

たぶん行くと思います。

아마 갈 거예요.

마이니치 니홍고노 벵쿄-오 스루

毎日、日本語の勉強をする。

매일 일본어 공부를 해.

히마나 토키와 에-가칸데 에-가오 미루

ひまな時は映画館で映画を見る。

한가할 때는 영화관에서 영화를 봐.

토모나짱토와 니홍고데 하나스

ともなちゃんとは日本語で話す。

토모나랑은 일본어로 얘기해.

난지남푼니 오와루

何時何分に終わる？

몇 시 몇 분에 끝나?

마이아사 지무니 이쿠

毎朝、ジムに行く。

매일 아침 헬스를 가.

EPISODE

일본어 동사와 친해지기③
'동사의 정중형'

정중하게 동사 말하기(1)!
동사 정중형(2, 3그룹) 개념

개념체크 동사가 같은 그룹끼리 알맞게 연결된 것은?

① する-くる　　② たべる-ある　　③ みる-ねる

정답 ①, ③ (1번은 3그룹, 3번은 2그룹 동사예요. 2번 たべる는 2그룹, ある는 1그룹으로 오답이에요.)

❶ 동사 ます형이란?

「ます」는 동사 뒤에 붙어 '~합니다'라는 뜻의 정중형을 만드는 표현이에요. 동사에 「ます」를 붙였을 때 나타나는 어미 변화 형태, 즉, 동사를 정중형으로 바꿔주는 형태에서 「ます」를 제외한 앞부분을 동사 ます형이라고 불러요. 동사 그룹별로 만드는 방식이 다르기 때문에 그룹별로 구분해서 학습해 봐요.

❷ 3그룹 동사 정중형

3그룹은 불규칙 동사이므로 변화형도 불규칙하기 때문에 각각 반드시 암기해야 해요.

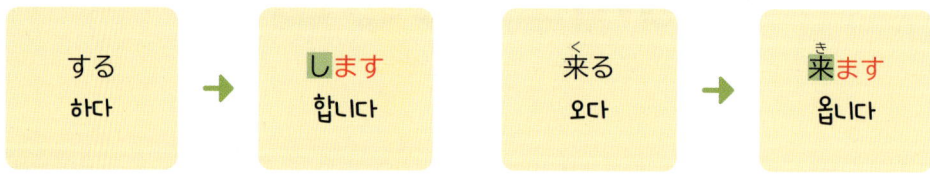

Plus 「来」의 읽는 법이 「く」에서 「き」로 변화하는 것에 유의하세요.

❸ 2그룹 동사 정중형

2그룹은 기본형에서 「る」를 탈락시키고 「ます」를 붙이면 돼요.

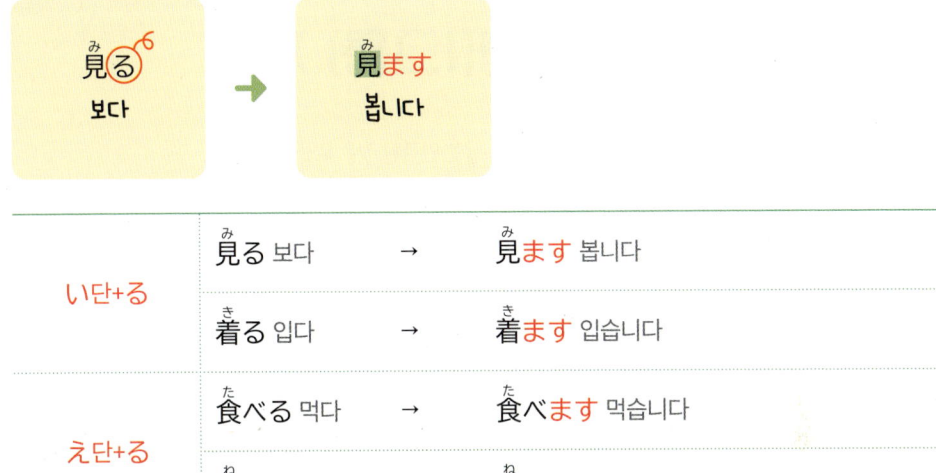

い단+る	見る 보다	→	見ます 봅니다
	着る 입다	→	着ます 입습니다
え단+る	食べる 먹다	→	食べます 먹습니다
	寝る 자다	→	寝ます 잡니다

처음 회화 !

 헬스장은 항상 이 시간에 와요.
ジムはいつもこの時間に来ます。

사람이 적고 좋네요.
人が少なくていいですね。

단어 ジム [지무] 헬스장 | いつも [이츠모] 항상

Quiz 「来る」의 정중형에 해당하는 것을 골라 보세요.

　　　　くます　　　　　　　きます

정답 きます

94 동사 정중형(2, 3그룹) 개념

 일본어랑 **95일차**

정중하게 동사 말하기(2)!
동사 정중형(1그룹) 개념

 개념체크 다음 중 う단을 い단으로 바꾼 것으로 잘못 연결된 것은 무엇인가요?

① ぬ-に　　　② る-り　　　③ く-さ

정답 ③ (く[ku]의 い단은 「き」예요. 보기의 「さ」는 '사'의 발음이에요.)

❶ 1그룹 동사 정중형

오늘은 앞서 2, 3그룹 정중형을 학습한 것에 이어 1그룹 동사 정중형에 대해 알아봐요. 1그룹은 う단을 い단으로 바꾸고 「ます」를 붙여 정중형을 나타내면 돼요. 따라서 동사마다 「ます」 앞부분의 변화가 어떻게 이루어지는지 예문을 통해 익숙해지도록 연습해요.

買う 사다　→　買います 삽니다

1) る로 끝나지 않는 동사: う・く(ぐ)・す・つ・ぬ・ぶ・む로 끝나는 동사

う단 → い단 + ます	
会う 만나다	→ 会います 만납니다
話す 말하다, 이야기하다	→ 話します 이야기합니다
行く 가다	→ 行きます 갑니다
遊ぶ 놀다	→ 遊びます 놉니다

2) る로 끝나는 동사: あ、う、お단 + る

う단 → い단 + ます	
上がる 올라가다 →	上がります 올라갑니다
作る 만들다 →	作ります 만듭니다
乗る 타다 →	乗ります 탑니다

3) 예외 1그룹 동사

う단 → い단 + ます	
帰る 돌아가다(오다) →	帰ります 돌아갑니다(옵니다)
入る 들어가다(오다) →	入ります 들어갑니다(옵니다)

처음 회화 !

이 버스는 어디에서 멈추나요?
このバスはどこで止まりますか。

신주쿠역에서 멈춥니다.
新宿駅で止まります。

단어 止まる [토마루] 멈추다, 서다, 그치다 | 新宿駅 [신쥬쿠에키] 신주쿠역(도쿄에 위치한 역)

Quiz 「帰る」의 정중형에 해당하는 것을 골라 보세요.

　　　かえります　　　　かえます

정답 かえります

"가족과 함께 후지산에 가요."
동사 현재 긍정형(정중)

개념체크 다음 중 동사를 정중형으로 옳게 바꾼 것은 무엇인가요?

① たべます   ② たべです   ③ たべる

정답 ①(たべます 먹습니다)

❶ 오늘의 표현! '~합니다'

ます형 변경 후, 뒤에 「ます」를 붙이면 '~합니다'라는 뜻의 동사 현재 긍정 표현을 나타낼 수 있어요. 뿐만 아니라 상황에 따라 '(평소) ~해요'와 같은 습관을 나타내거나, '~할 거예요, ~하겠습니다'와 같이 미래시제의 단어와 함께 쓰여 미래형으로도 쓰여요. 이렇듯 일본어 동사에는 현재 긍정의 시제가 습관을 나타내거나 미래 긍정의 시제로도 동일하게 쓰이니 잘 기억해 두세요.

[1그룹 예시] 行(い)く 가다	→	行(い)きます 갑니다
[2그룹 예시] 見(み)る 보다	→	見(み)ます 봅니다
[3그룹 예시] する 하다	→	します 합니다

예문 富士山(ふじさん)へ行(い)きます。 후지산에 갑니다.

Plus 「장소·방향+へ」는 '~에', '~으로'라는 뜻으로 쓰여요. 이때 「へ」는 [e(에)]라고 발음하니 주의해야 해요. 또한, 장소, 방향 명사 뒤에 「に」조사가 아닌 「へ」조사를 쓰면 이동 방향을 더욱 강조하는 표현이 돼요.

Plus 「ます」 뒤에 「か」를 붙이면 '~합니까?'라는 의문 표현을 나타낼 수 있어요.

❷ 상황별로 말해보기

겨울엔 뭐 하고 놀아요?
눈사람을 만들어요.
> 제시어 雪だるま [유키다루마] 눈사람
> 雪だるまを作ります。

이렇게 발권하면 되나요?
네, 그렇게 하면 티켓이 나올 거예요.
> 제시어 そうすると [소-스루토] 그렇게 하면
> はい、そうするとチケットが出ます。

이 료칸에 대해 잘 아시네요?
매년 이 료칸에 와요.
> 제시어 毎年 [마이토시] 매년
> 毎年、この旅館に来ます。

처음 회화 !

매일 점심은 어디서 먹어요?
毎日、昼ご飯はどこで食べますか。

대체로 근처 식당에서 먹어요.
だいたい近くの食堂で食べます。

단어 だいたい [다이타이] 대체로, 대개 | 近く [치카쿠] 근처, 가까운 곳

Quiz 다음 빈칸에 알맞은 말을 써 보세요.

Ⓐ 週末、何を(　　　　　　　　)。
주말에는 뭐 해요?

Ⓑ 友達と(　　　　　　　　)。
친구와 놀아요.

정답 Ⓐ しますか Ⓑ 遊びます

"술은 거의 안 마셔요."
동사 현재 부정형(정중)

개념체크 다음 중 성격이 다른 표현은 무엇인가요?

① すみません
(사과의 의미)

② ありません

③ いきません

정답 ①(1번은 '죄송합니다', 2번은 '없습니다', 3번은 '가지 않습니다'라는 뜻이에요. 2, 3번은 동사의 부정형이고, 1번만 관용 표현이에요.)

❶ 오늘의 표현! '~하지 않습니다'

오늘은 동사 현재 부정형의 정중 표현을 알아봐요. ます형 뒤에 「ません」을 붙이면 '~지 않습니다'라는 뜻을 나타낼 수 있어요. 또한, 「ません」 뒤에 「か」를 붙이면 '~하지 않습니까?'라는 의문 표현과 '~하지 않겠습니까?'라는 제안, 권유도 나타낼 수 있어요.

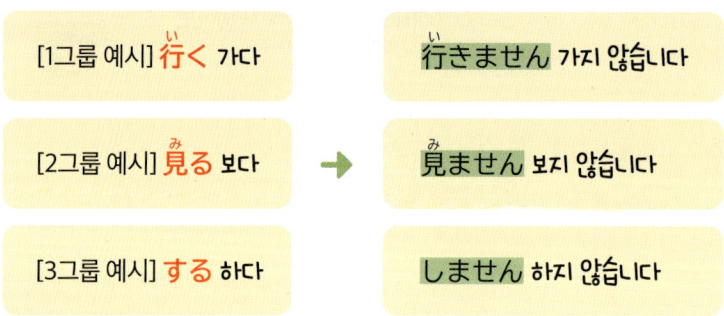

[1그룹 예시] 行(い)く 가다	→	行きません 가지 않습니다
[2그룹 예시] 見(み)る 보다		見ません 보지 않습니다
[3그룹 예시] する 하다		しません 하지 않습니다

예문 明日(あした)は雨(あめ)が降(ふ)りません。 내일은 비가 내리지 않습니다.

Plus '비가 오다(내리다)'라는 표현은 「雨(あめ)だ(비다)」 또는 「雨(あめ)が降(ふ)る(비가 내리다)」처럼 두 가지 방식으로 말할 수 있어요.

단어 雨(あめ)が降(ふ)る [아메가 후루] 비가 내리다

❷ 상황별로 말해보기

유카 씨, 와인 자주 마셔요? 　제시어 ワイン [와인] 와인

와인은 거의 마시지 않아요. ▶ ワインはほとんど飲みません。

커피에 시럽 넣어 먹나요? 　제시어 シロップ [시롭푸] 시럽 ｜ 入れる [이레루] 넣다

아뇨, 시럽은 넣지 않아요. ▶ いいえ、シロップは入れません。

저건 언제 할인해요? 　제시어 ブランド [부란도] 브랜드 ｜ 割引する [와리비키스루] 할인하다

저 브랜드는 할인 안 해요. ▶ あのブランドは割引しません。

처음 회화 !

 새 회사는 어때요?
新しい会社はどうですか。

반 년이 지나도 전혀 익숙해지지 않네요.
半年経っても全然慣れませんね。

단어 半年 [한토시] 반 년 ｜ 経つ [타츠] (시간이) 지나다, 경과하다 ｜ 慣れる [나레루] 익숙해지다

Quiz 다음 빈칸에 알맞은 말을 써 보세요.

Ⓐ 毎日、朝ご飯を(　　　　　　　　　　)。
　매일 아침밥을 먹어요?

Ⓑ いいえ、朝ご飯は(　　　　　　　　　　)。
　아뇨, 아침밥은 안 먹어요.

정답 Ⓐ 食べますか Ⓑ 食べません

"예약을 까먹었어요."
동사 과거 긍정형(정중)

 개념체크 빈칸에 들어갈 말로 올바른 것은 무엇인가요?

昨日(きのう)、デパートに_____。
어제 백화점에 갔어요.

① 行(い)った　　② 行(い)きます　　③ 行(い)きました

정답 ③ (동사의 과거 긍정형 정중 표현은 「ました」를 활용해야 해요.)

❶ 오늘의 표현! '~했습니다'

오늘은 동사 과거 긍정형의 정중한 표현을 알아봐요. ます형 뒤에 「ました」를 붙이면 '~했습니다'라는 뜻을 나타낼 수 있어요. 또한, 「ました」 뒤에 「か」를 붙이면 '~했습니까?'라는 의문 표현도 나타낼 수 있어요.

[1그룹 예시] 行(い)く 가다	行(い)きました 갔습니다
[2그룹 예시] 見(み)る 보다 →	見(み)ました 봤습니다
[3그룹 예시] する 하다	しました 했습니다

예문 はい、分(わ)かりました。 네, 알겠습니다.

Plus 「分(わ)かる」와 「知(し)る」 두 동사 모두 '알다'의 의미이지만, 「分(わ)かる」는 상황이나 상대방의 말을 이해하는 경우에 사용하고, 「知(し)る」는 단순한 사실, 정보를 아는 상황에 사용해요. 쉽게 「分(わ)かる=understand」, 「知(し)る=know」의 개념으로 이해하면 헷갈리지 않을 거예요.

❷ 상황별로 말해보기

여행 가서 뭐 했어요?
호텔 수영장에서 수영했어요.

제시어 泳ぐ [오요구] 수영하다, 헤엄치다
> ホテルのプールで泳ぎました。

우리 항공권 예약했나요?
죄송해요, 예약을 까먹었어요.

제시어 忘れる [와스레루] 잊다, 까먹다
> すみません、予約を忘れました。

일본어 공부 어떻게 했어요?
매일 열심히 복습했어요.

제시어 復習する [후쿠슈-스루] 복습하다
> 毎日、いっしょうけんめい復習しました。

처음 회화 !

여행 가서 뭔가 샀어요?
旅行に行って何か買いましたか。

기념품을 많이 샀어요.
お土産をたくさん買いました。

단어 買う [카우] 사다 | お土産 [오미야게] 기념품 | たくさん [탁상] 많이

Quiz 다음 빈칸에 알맞은 말을 써 보세요.

Ⓐ 先週、どこに(   )。
지난주에 어디에 갔어요?

Ⓑ 大阪へ旅行に(   )。
오사카로 여행을 갔어요.

정답 Ⓐ 行きましたか Ⓑ 行きました

"저는 회식에 안 갔어요."
동사 과거 부정형(정중)

 개념체크 빈칸에 들어갈 말로 가장 자연스러운 것은 무엇인가요?

コンビニで何(なに)も_____。
편의점에서 아무것도 사지 않았어요.

① 買(か)いませんでした
② 買(か)いじゃありませんでした
③ 買(か)いくありませんでした

정답 ①(동사 과거 부정형의 정중한 표현은「ませんでした」를 사용해요.)

❶ 오늘의 표현! '~하지 않았습니다'

오늘은 동사 과거 부정형의 정중 표현을 알아봐요.ます형 뒤에「ませんでした」를 붙이면 '~하지 않았습니다'라는 뜻을 나타낼 수 있어요. 또한,「ませんでした」뒤에「か」를 붙이면 '~하지 않았습니까?'라는 의문 표현도 나타낼 수 있어요.

[1그룹 예시] 行(い)く 가다	→	行(い)きませんでした 가지 않았습니다
[2그룹 예시] 見(み)る 보다	→	見(み)ませんでした 보지 않았습니다
[3그룹 예시] する 하다	→	しませんでした 하지 않았습니다

예문 私(わたし)は飲(の)み会(かい)に行(い)きませんでした。
저는 회식에 가지 않았어요.

Plus 동사의 정중형 활용 표현은 모두「ま」로 시작하는 점을 기억해요! 그러면 다른 품사의 활용 표현과 헷갈리지 않을 거예요! (명사나 な・い형용사의 긍정은「です・でした」처럼「で」를 사용해요.)

❷ 상황별로 말해보기

리에 씨, 다음 주에 결혼한대요!
정말요? 전혀 몰랐어요.

> 제시어 知る [시루] 알다
>
> 本当ですか。全然知りませんでした。

다이어트 비법이 뭐예요?
다이어트 중엔 과자를 먹지 않았어요.

> 제시어 ダイエット [다이엣토] 다이어트
>
> ダイエット中にはお菓子を食べませんでした。

오늘은 손님 좀 왔어요?
오늘은 하루 종일 손님이 오지 않았어요.

> 제시어 一日中 [이치니치쥬-] 하루 종일
>
> 今日は一日中 お客さんが来ませんでした。

Plus 「中(가운데 중)」 한자가 단독으로 쓰이면 「なか」로 '안, 속'의 의미이고, 「기간·날짜+中」로 쓰일 때는 '종일, 내내'의 의미이며, 「동작성 명사+中」로 쓰일 때는 '~(하는) 중'의 의미로 사용돼요.

처음 회화

 어제도 테니스를 했(쳤)어요?
昨日もテニスをしましたか。

아뇨, 어젠 피곤해서 테니스는 안 했(쳤)어요.
いいえ、昨日は疲れてテニスはしませんでした。

단어 テニス [테니스] 테니스 | 疲れる [츠카레루] 피곤하다

Quiz 다음 문장을 과거 부정형으로 바꿔 보세요.

週末、彼氏と遊ぶ。 ➡ _____ 。

정답 週末、彼氏と遊びませんでした。 주말에 남자 친구랑 놀지 않았어요.

"9시부터 4시까지 공부했어요."
조사 총정리 및 동사 활용

개념체크 다음 문장에서 조사가 잘못 쓰인 것은 무엇일까요?

先週末は 犬① と 公園② に さんぽ③ を しました。
지난 주말에는 개와 공원에서 산책을 했습니다.

정답 ②('에서'를 나타내는 조사는 「に」가 아닌 「で」이므로 정답은 2번이에요.)

❶ 오늘의 표현! 조사 총정리

오늘은 마지막 학습으로, 지금까지 배운 조사들을 한 눈에 정리하면서 동사와 함께 활용해 봐요. 다양한 조사를 적재적소에 활용하면 더 풍부한 표현을 만들어낼 수 있어요.

…は	~은/는	…へ	~(목적지, 방향)으로, ~에
…が	~이/가	…で	~에서, ~로, ~(이/해)서
…を	~을/를	…から	~(에서)부터
…も	~도, (수량+も)이나	…まで	~까지
…と	~와/과/랑	…より	~보다
…の	~의, ~의 것	…には	~에는
…に	~에, ~(생명체)에게	…では	~에서는

예문 図書館で 9時 から 4時 まで 勉強しました。
도서관에서 9시부터 4시까지 공부했어요.

242 하루 10분 처음 일본어

❷ 상황별로 말해보기

비행기 탔대요?

친구는 3시 비행기를 타요.

> 제시어 飛行機[히코-키] 비행기 | 乗る[노루] 타다
>
> 友だちは3時の飛行機に乗ります。

미국은 방에서 신발을 신어요.

일본에서는 방 안에서 신발을 신지 않아요.

> 제시어 はく[하쿠] 신다
>
> 日本では部屋の中で靴をはきません。

왜 걸어왔어요?

지갑에 100엔도 없었어요.

> 제시어 財布[사이후] 지갑
>
> 財布に100円もありませんでした。

Plus 「乗る(타다)」는 '~을/를'이라는 목적격 조사를 쓸 때 「を」가 아니라 「に」를 써요.

처음 회화

 작년보다 일본어를 잘하네요?
去年より日本語が上手ですね。

다겸 선생님께 일본어를 배웠어요.
ダギョム先生に日本語を習いました。

단어 習う[나라우] 배우다

Quiz 다음 괄호에 적합한 조사와 동사 활용을 써 보세요.

明日( )東京( )会社( )パーティー( )( )。
내일은 도쿄에서 회사 파티가 있어요.

정답 は/で/の/が/あります

종합 연습문제

1 다음 질문에 알맞은 답을 골라보세요.

1 다음 중 동사의 시제와 성격의 연결로 올바른 것은?
① ます - 현재긍정
② ました - 현재부정
③ ません - 과거부정

2 다음 중 '현재긍정' 시제의 형태를 잘못 바꾼 것은?
① いる - います
② 入る - 入ます
③ はなす - はなします

3 대화의 흐름이 어색한 것은?
① A: パーティーでお酒を飲みますか。
   B: はい、飲みます。
② A: 明日も来ますか。
   B: いいえ、来ません。
③ A: ショッピングによく行きますか。
   B: はい、行きました。

4 다음 문장에 들어갈 조사의 연결로 옳은 것은?

飲み会に田中さん(　)佐藤さん(　)来ました。

① が - も
② が - に
③ と - も

5 다음 중 조사의 활용이 잘못된 것은?
① 月曜日ではここで祭りがあります。
② 母には話しませんでした。
③ インターネットでかばんを買いました。

6 대화의 흐름이 어색한 것은?
① A: 何か食べましたか。
   B: はい、ケーキを食べました。
② A: この本、読みましたか。
   B: はい、まだ読みました。
③ A: 日本語がわかりますか。
   B: はい、わかります。

2 제시된 문장에 맞게 빈칸을 채워 보세요.

1 금요일에는 친구와 함께 영화를 봅니다.

→ _____ は友だち_____ 映画を_____ 。

2 내일은 남자 친구를 만나지 않아요.

→ 明日は彼氏_____ 。

3 어제, 새로운 구두를 샀어요.

→ 昨日、_____ くつ_____ 。

4 그녀의 이름을 전혀 몰랐어요.

→ 彼女の名前を全然_____ 。

5 레포트는 전부 썼습니까?

→ レポートは全部_____ 。

6 어제는 아르바이트가 힘들어서 친구들과 놀지 않았어요.

→ 昨日は_____ 大変で、_____ 。

MP3를 들으며 일본어 기초 회화 표현을 말해 보세요.

지무와 이츠모 코노 지캉니 키마스
ジムはいつもこの時間に来ます。
헬스장은 항상 이 시간에 와요.

코노 바스와 도코데 토마리마스카
このバスはどこで止まりますか。
이 버스는 어디에서 멈추나요?

하이 소-스루토 치켓토가 데마스
はい、そうするとチケットが出ます。
네, 그렇게 하면 티켓이 나올 거예요.

이-에 시롭푸와 이레마셍
いいえ、シロップは入れません。
아뇨, 시럽은 넣지 않아요.

스미마셍 요야쿠오 와스레마시타
すみません、予約を忘れました。
죄송해요, 예약을 까먹었어요.

혼토-데스카 젠젠 시리마셍데시타
本当ですか。全然、知りませんでした。
정말요? 전혀 몰랐어요.

그림과 함께

히라가나&가타카나 따라 쓰기 노트

1) 히라가나 あ행

아이 귀여워
아 [a]

あ あ

이가 튼튼
이 [i]

い い

우산 있어?
우 [u]

う う

에어로빅 쭉쭉
에 [e]

え え

오리는 꽥꽥
오 [o]

お お

2) 가타카나 ア행

	ア	ア		

아이스크림 콘
아 [a]

	イ	イ		

이쑤시개 또각
이 [i]

	ウ	ウ		

우산 꼭지
우 [u]

	エ	エ		

누운 **애** 모양
에 [e]

	オ	オ		

오징어 다리 착!
오 [o]

3) 히라가나 か행

카메라 찰칵
카 [ka]

か か

키타 딩가딩가
키 [ki]

き き

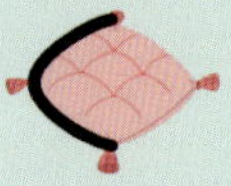

쿠션감 퐁신
쿠 [ku]

く く

케이크 커팅
케 [ke]

け け

코끼리 배불러
코 [ko]

こ こ

4) 가타카나 カ행

	カ	カ			

점을 떼고 **카**
카 [ka]

	キ	キ			

만능 열쇠 **키**~
키 [ki]

	ク	ク			

네모네모 **쿠**션
쿠 [ku]

	ケ	ケ			

오~**케**이!
케 [ke]

	コ	コ			

코끼리 얼굴
코 [ko]

5) 히라가나 さ행

さ
사과 맛있어
사 [sa]

し
취미는 낚시
시 [shi]

す
스프링 꼬부랑
스 [su]

せ
세면대에서 쓱싹
세 [se]

そ
소라가 뱅글
소 [so]

6) 가타카나 サ행

サ
사다리 타기 사 [sa]

シ
혼자 타는 **시**소 시 [shi]

ス
스테이크 츄릅 스 [su]

セ
각진 **세**면대 세 [se]

ソ
소뿔도 단김에! 소 [so]

7) 히라가나 た행

타조의 몸통
타 [ta]

た　た

빠르다 **치**타
치 [chi]

ち　ち

귀여운 부**츠**
츠 [tsu]

つ　つ

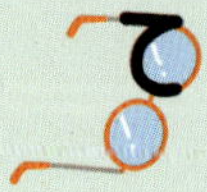

동글 안경**테**
테 [te]

て　て

토끼의 얼굴
토 [to]

と　と

8) 가타카나 タ행

多 많을 다 **タ**
타
한번 많을 **타**!
타 [ta]

チ
치어리더 얍!
치 [chi]

ツ
츠나미 파도
츠 [tsu]

テ
집 위의 안**테**나
테 [te]

ト
토테미즘 상징
토 [to]

9) 히라가나 な행

な
나비의 날개
나 [na]

に
빈 장바구니
니 [ni]

ぬ
누에가 뱅그르르
누 [nu]

ね
그네에서 놀기
네 [ne]

の
금지의 노! 1탄
노 [no]

10) 가타카나 ナ행

ナ 나이프 조심! 나 [na]

ニ 오른쪽만 니 니 [ni]

ヌ 누들과 젓가락 누 [nu]

ネ 짠~네잎클로버 네 [ne]

ノ 금지의 노! 2탄 노 [no]

12) 가타카나 ハ행

하우스 지붕
하 [ha]

히프를 딱 대고!
히 [hi]

후~한숨 푹
후 [hu]

히라가나 헤=헤
헤 [he]

호랑이 인상 팍!2
호 [ho]

13) 히라가나 ま행

ま 마라토너 쌩~ 마 [ma]

み 미로가 꾸불 미 [mi]

む 무당벌레 무늬 무 [mu]

め 메기의 수염 메 [me]

も 모자의 털 모 [mo]

14) 가타카나 マ행

마이크 에~오!
마 [ma]

미사일이 세 개!
미 [mi]

무울고기 물고
무 [mu]

메일 왔어요
메 [me]

꼬리 없는 **모**
모 [mo]

15) 히라가나 や행

야구 배트 탕!
야 [ya]

유자 열매
유 [yu]

요트 타는 인생
요 [yo]

16) 가타카나 ヤ행

점이 없는 야
야 [ya]

유리창 모서리
유 [yu]

요거트 통
요 [yo]

17) 히라가나 ら행

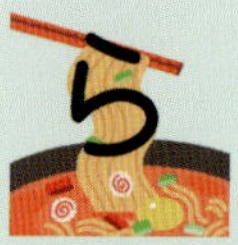

ら
라면 꼬불꼬불면
라 [ra]

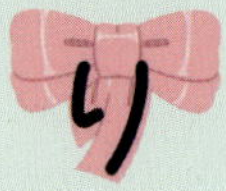

り
리본 끈 차란~
리 [ri]

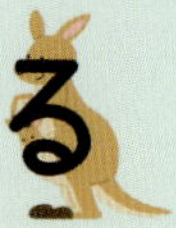

る
캥거루 주머니
루 [ru]

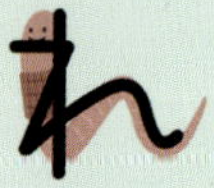

れ
꼬불꼬불 벌레
레 [re]

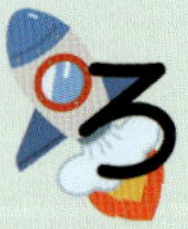

ろ
로켓 발사!
로 [ro]

18) 가타카나 ラ행

ラ
라면과 젓가락
라 [ra]

リ
히라가나 리=리
리 [ri]

ル
캥거루 두 다리
루 [ru]

レ
레몬 한 조각
레 [re]

ロ
로보트 네모 얼굴
로 [ro]

19) 히라가나 わ행

와~놀라워!
와 [wa]

오징어 머리와 몸!
오 [wo]

* 예외

응가 응차!
응 [n]

20) 가타카나 ワ행

와인잔 치얼스!
와 [wa]

ワ ワ

오~올림픽 성화봉
오 [wo]

ヲ ヲ

* 예외

응(운)석 푸슝~!
응 [n]

ン ン

종합 연습문제

정답

종합 연습문제 정답

EPISODE 1

1
1 / ②
2 / ①
3 / ②
4 / ③
5 / ③
6 / ①

2
1 / はひふへほ
2 / サシスセソ
3 / こんにちは
4 / はじめまして
5 / よろしくおねがいします
6 / いただきます - ごちそうさまでした

EPISODE 2

1
1 / ②
2 / ②
3 / ③
4 / ①
5 / ②
6 / ③

2
1 / 私(わたし)は - です
2 / どこですか
3 / も - でした
4 / あの - のだった
5 / そちらじゃない
6 / 私(わたし)の - のくるまじゃありません

EPISODE 3

A
1 / ③
2 / ②
3 / ②
4 / ①
5 / ②
6 / ①

B
1 / にちようびだった
2 / いつでしたか
3 / おいくつですか
4 / ここのかじゃなかった
5 / ふたつと - ひとつください
6 / せんさんびゃく円じゃなかったですか

EPISODE 4

1
1 / ②
2 / ①
3 / ②
4 / ③
5 / ①
6 / ②

2
1 / だった
2 / でした
3 / で - だった
4 / じゃなかった
5 / じゃなかったですか
6 / じゃなかったです

EPISODE 5

1
1 / ①
2 / ②
3 / ③
4 / ③
5 / ②
6 / ②

2
1 / これ、熱(あつ)い
2 / から近(ちか)いですか
3 / あまり-くない
4 / あまり甘(あま)くなかったです
5 / くて-な人(ひと)が好(す)きです
6 / がほしいです

EPISODE 6

1
1 / ③
2 / ②
3 / ①
4 / ③
5 / ③
6 / ②

2
1 / 今日(きょう)-ある
2 / にありますか
3 / 兄弟(きょうだい)-いますか
4 / 前(まえ)より-いました
5 / いつからありましたか
6 / 誰(だれ)もいませんでしたか

EPISODE 7

1
1 / ②
2 / ③
3 / ③
4 / ①
5 / ③
6 / ①

2
1 / いつも
2 / ちょうど-に-の-で会(あ)う
3 / 午後(ごご)3時(じ)に-に
4 / 4人(よにん)で行(い)く
5 / 毎朝(まいあさ)-飲(の)む
6 / から-する

EPISODE 8

1
1 / ①
2 / ②
3 / ③
4 / ③
5 / ①
6 / ②

2
1 / 金曜日(きんようび)-といっしょに-見(み)ます
2 / に会(あ)いません
3 / 新(あたら)しい-を買(か)いました
4 / 知(し)りませんでした
5 / 書(か)きましたか
6 / アルバイトが-友(とも)だちと遊(あそ)びませんでした

시원스쿨닷컴